젊은 불자들을 위한 수행론

법륜스님 지음

정토출판

정토신서 ⑧
젊은 불자들을 위한 수행론

| 초판 | 1쇄 1990. 5. 25 | 6쇄 1996. 10. 31 |
| 개정판 | 1쇄 1997. 6. 20 | 6쇄 2010. 9. 10 |

펴 낸 이 / 김정숙
글 쓴 이 / 법 륜
펴 낸 곳 / 정토출판
등록번호 / 제22-1008호
등록일자 / 1996. 5. 17
137-875 서울특별시 서초구 서초 3동 1585-16
전화 02)587-8991 · 전송 02)6442-8993
인터넷 http://www.jungto.org
E-mail : book@jungto.org

ⓒ 1997. 정토출판

값 7,000원

ISBN 89-85961-14-4 04220

젊은 불자들을 위한 수행론

머리말

　　남을 이롭게 하는 것이 곧 나를 이롭게 하는 것이오, 고통받는 이웃을 구제하는 길이 성불의 지름길임을 깨달은 사람, 우리는 그를 가리켜 보살이라 합니다. 보살은 남을 위해서가 아니라 바로 자기 자신을 위해서 대중에게 봉사하고 희생하는 것입니다.

　　오늘의 현실이 너무나 우리의 가슴을 아프게 하므로 그 아픔을 도저히 견딜 수 없어 온몸으로 이 현실을 극복하고자 하는 것이 보살행인 것입니다.

　　그러므로 인류의 평화와 공영, 민족의 자주와 통일, 민중의 자유와 복리 증진을 위하여 떨치고 일어선 젊은 보살들이라면 우리가 가는 이 길이 성불의 지름길임을 확신해야 합니다.

속된 생활에 대한 미련이나 일상 생활에서의 안주, 미래에 대한 회의는 우리에게 번민만을 줄 뿐이며 자신을 점점 더 초라하게 만들 뿐입니다. 확고한 신념과 단호한 태도야말로 수행의 요체입니다.

산이 높고 험할수록 등산의 묘미가 있듯이, 고난의 가시밭길이 멀고 장애의 벽이 두터울수록 보살의 서원은 굳건해지고 해탈의 기쁨은 커지는 것입니다.

부처님께서 왕궁을 버리고 분소의 한 벌과 발우 하나로 숲과 거리를 누비시며 중생을 교화하셨듯이, 우리 또한 세계의 변혁과 자기 수행의 이 길을 자랑스럽게 생각해야 합니다. 어떤 망설임도, 두려움도 없이 그 어떤 갈등이나 분열, 이기심을 극복하고 오직 한 길로 당당하게 나아가야 합니다.

"보살에게 있어서 불국토란 이미 완성되어 있는 세계가 아니라 보살이 활동하는 국토이다."

세상이 참 많이 변했습니다. 이처럼 격동하는 시대를 살다 보면 큰 방황 속에 동요되기도 하지만, 방황의 긴 터널을 뚫고 나오면 찬란한 미래가 펼쳐지는 법입니다. 오늘의 젊은 불제자들은 방황을 좀 더 크게, 좀 더 분명하게 하길 바랍니다.

그리고 치열하게 살려는 노력 없이, 젊음다운 절절한 열정 없이 대충대충 살아가며 자신의 젊음을 소진하지 않기를 바랍니다.

막연한 비굴함 속에, 또 막연한 교만함 속에 헛된 인생으로 꽃다운 시간을 흘려 보내지 않았으면 합니다.

이 글은 진리를 추구하고 정의를 사랑하는 젊은이들이 험난한 수행의 과정에서 회의하고, 망설이고, 때로는 갈등하며 괴로워하는 것을 보면서 그들에게 조금이라도 도움이 될까 해서 「수행강좌」라는 주제로 강의했던 내용을 엮어본 것입니다. 부족한 줄 알면서도 도움이 된다고 하기에 이번에 책으로 준비하였습니다.

크게 방황하는 사람들에게
불꽃 같은 정열로서 인생을 살고자 하는 분들에게
부처님의 제자답게 참다운 보살행을 실천하고자 하는 분들에게
   이 책이 약간의 도움이라도 될 수 있기를 간절히 바랍니다.

1990. 6. 20

법륜

머리말

제1강 · 수행의 길

수행의 첫걸음, 자기 마음 바꾸기 · 17

도대체 수행이 뭐지?

과정은 얼마나 소중한가

원각사 보살의 이야기 · 22

행복과 불행의 변증주

저놈의 자식, 남이다

수행의 두 번째, 기대하는 마음 버리기 · 32

자유롭게, 더 자유롭게

고맙습니다 · 감사합니다

지금, 바로 여기서의 행복

제2강 · 바람직한 인간관계와 자기혁명

바람직한 인간관계를 위하여 · 43

인간관계가 어려운 이유들

좋은 사람, 싫은 사람

진정한 이기(利己)는 이타(利他)와 통한다

상대의 처지에 서서
상대방을 변화시켜야 할 때
파벌과 분파를 보는 올바른 관점
진정한 사랑, 바람직한 인간관계
남에게 보이려 하지 말기
갈등은 즉시 해소하고, 잘못은 즉시 교정하기

성불을 향한 자기혁명과 참회 · 66
자기혁명과 정토건설을 동시에
자기혁명의 관문, 참회
이해와 깨달음의 차이
절심함이 변화의 힘이다
자기혁명의 두 가지 방법

제3강 · 이 시대의 보살적 삶을 걷는 이들에게

항상 반성하고 항상 겸허하라 · 79
자장율사의 문수보살 친견기
당당하면서 겸손하기

포교 일선의 체험담 · 86
불교활동만을 유일한 기둥 삼아
불우한 상이군인과 만남

자신이 헌신적이라는 상에 가리워

적극적인 포교행위가 깨달음으로

자기 가슴을 도려내는 지적도 수용하기

헌신하는 삶 자체가 기쁨이다

학생운동을 포기한 어느 후배 이야기

제4강 · 극기와 창의력을 배양하는 길

육체를 다스리는 법 · 109

극기에 있어 그릇된 관념들

육체와 정신의 건강은 연관되어 있다

정신집중의 놀라운 위력

초인적인 기적을 만드는 법칙

극기훈련과 의식개조는 동시에

현대질병과 의식개조의 함수관계

아직도 다리가 아픈가

삶의 핵심은 주체성에 있다 · 126

자기 몰두에서 창의력이

극기를 통해 자기 확신을 갖기

제5강 · 자기혁명과 사회개혁의 불이(不二)

보살행의 동력은 삶의 고통에서 · 135
보살행의 원천은 무엇인가
중생은 복수심으로, 보살은 서원으로
타인의 고통을 나의 아픔으로
중생은 구제의 대상이 아니다
아픔을 함께 나누기

어떻게 인생을 살아야 할 것인가 · 145
먼저 민중의 아픔을 자기화하라
중생의 편에 서는 보살이 되려면
우리 사회의 고통스런 삶의 이야기
우리의 모든 삶을 바쳐서라도
민중 스스로의 주체성을 높여라

고통을 외면하면 나에게도 고통이 · 162
왜 보수에서 진보로 되었는가
엉겁결에 혹독한 고문을 겪다
죽음에 처해 생명의 소중함을 깨닫고
지금 당장 이 곳을 벗어나게 해 달라
고문 없는 사회에서 살고 싶다

개인적 원한에서 한(恨)의 사회화로 · 176

치열하게 보살행을 실천하자

개인적 원한심을 버리기

이제 호랑이를 잡아라

화살은 시위를 떠났다

아픔의 현장에서 실제로 부딪치기

잘못된 보살행은 중생 삶만 못하다

제6강 · 크게 의심하고 크게 분노하라

관념적 사고에서 창조적 사고로 · 193

기존 관념의 허구성을 보라

현실을 있는 그대로 보라

관념은 진실을 가리운다

관념의 세계에서 깨달음의 길로

환경의 변화에 따라 의식도 변한다

깨달음은 사회개조를 수반한다 · 208

일체 생명 가진 자를 구제하라

깨달음은 창조적 실천의 출발이다

관념을 깨는 깨달음의 일화

신심 · 분심 · 의심의 수행론 · 218

형상을 넘어서 진실을 보라

처음의 목표를 지속하기

선불교의 파격적 사고

문제의식의 결정체, 화두에 집중하기

주인으로서 삶을 되찾기

제7강 · 젊은 보살들을 위한 인생론

보살적 삶에서 진정한 행복이 · 239

삶의 과정에서 불의의 사고를 만난다면

함께 하지 못한 소외의 아픔

나의 기쁨을 위해 아픔에 동참하기

고난을 두려워 하지 말기

보살적 삶의 실천방법 · 251

이상이 강할수록 더 종속적이다

주인의식이 역사발전의 동력으로

민중의 해방은 민중 스스로가

보살이 활동하는 곳이 정토다

새로운 보살의 삶으로 거듭 태어나라 · 260

길들여진 사고의 모순을 깨뜨리고

다 함께 성불하는 길로

나 자신으로부터 출발하자

1 수행의 길

우리가 수행하는 목적은 무엇일까요? 현재의 고통에서 벗어나 기쁨을 얻고, 구속받고 있는 상태에서 벗어나 자유를 얻고, 종속되어 있는 상태에서 자기 주체를 세우는 데 있습니다.

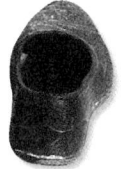

수행의 첫걸음, 자기 마음 바꾸기

도대체 수행이 뭐지?

  수행이란 무엇일까요? 한자로 풀어 보면 닦을 수(修), 행할 행(行)이 됩니다. 그대로 해석하면 '행실을 닦는다.'는 뜻이 되고, 불교적 의미로는 '마음을 닦아 일상 행동을 바르게 하다.'입니다.
  수행의 핵심은 육체를 훈련하는 데 있는 것이 아니라 마음을 닦는 데 있습니다. 그렇다면 '마음을 닦는다.'는 것은 어떤 의미일까요? 그것은 걸레로 때를 닦아 내듯이 문지르는 것이 아니라 마음을 개조한다, 개혁한다, 변화한다는 의미입니다.
  그러면 마음은 왜 닦을까요? 마음이 아프고 고통스럽기 때문입니다. 예를 들면 머리가 아프거나 세상살이가 버겁다고 느껴질 때 과연 어디가 아프고 괴로운 것일까요? 마음, 곧 자기 마음이 아프고 괴로운 것입니다. 다시 말해서 마음을 닦는다는 것은 아프고 괴로운 마음을 치유한다는 뜻입니다. 흔히 '죽은 뒤에 극락가기 위해서, 현생에 착한 일을 하여 내생에 복을 받기 위해서.' 종교를 갖는다고 생각하는 경향이 많은 것 같습니다. 그것은 종교에 귀의하는 부차적인 이유는 될지언정, 종교의 핵심과는 거리가 멉니다. 종교가 가장 중시할 부분은 현실 문제입니다. 부모자식간에, 부부지간에, 형제지간에, 친구지간에 갈등이 있고 해결해야 될 문제들이 있습니다. 이 괴로운 현실에서 아픈 것을 치유하는 것, 바로 그것이 수행입니다. 아무런 고민도 없고, 문제가 없는 사람은 굳이 수행할 필요가 없습니다. 마치 목마른 사람이 우물을 파고, 아픈 사람이 병원을 찾듯이, 마음이 아프고 답답한 사람이 수행을 찾게 됩니다.

실제로는 마음뿐만 아니라 육체가 아픈 경우도 종종 있습니다. 절에 와서 기도하는 분들 가운데는 육체적인 병, 특히 불치병으로 오신 분들이 많습니다. 그러나 육체적인 병도 그 밑뿌리를 살펴보면 아픈 마음이나 괴로움이 원인인 경우가 많습니다.

우리들의 삶을 보면 어떤 억압이나 구속, 부자유함을 느끼기도 하고, 그러한 현실에서 벗어나고자 하는 욕구도 있습니다. 이렇게 억눌려 있는 상태에서 자유로운 상태로 나를 변화하는 것이 수행입니다. 이와는 달리 자기 삶의 주체가 되지 못하고 남이 시키는 대로 살아가는 종속적인 삶의 형태가 있습니다. 이러한 종속의 상태,

비주체의 상태에서 주체의 상태로 전환하는 것 또한 수행입니다.

우리가 수행하는 목적은 무엇일까요? 현재의 고통에서 벗어나 기쁨을 얻고, 구속받고 있는 상태에서 벗어나 자유를 얻고, 종속되어 있는 상태에서 자기 주체를 세우는 데 있습니다.

그러므로 수행하는 것과 '전생이 있는가, 없는가.' '부처님이 몇 년 전에 태어나셨는가.' 등 교리나 지식은 아무런 상관이 없습니다. 사실 교리나 지식을 모른다 해도 아픔을 느끼는 현실은 그대로 존재하고, 그 아픔을 치유할 수 있는 방법도 현실에서 찾을 수 있고, 그 아픔에서 벗어나서 얻는 기쁨도 현실에 존재합니다. 이제 '전생이 있는지, 없는지.' 또는 '내생이 있는지, 없는지.' 하는 문제는 다음 기회로 미루고 현실에 초점을 맞춰 생각해 봅시다.

살면서 고통스러울 때나 아플 때가 있습니까? 있다면 언제일까요? 여기서는 크게 두 가지로 나누어 보았습니다.

첫째, 아픔이나 괴로움이 나의 외부에서 오는 경우입니다. 예를 들면 중·고교생들에게는 학교 주변 폭력배들이 공포의 대상입니다. 이 공포는 순전히 바깥에서 온 것이기에 두려운 마음을 안 갖는다고 해서 사라질 수는 없습니다.

둘째, 나의 내부에서 생기는 경우가 있습니다. 예를 들면 내가 어떤 사람을 좋아해서 사랑한다고 고백을 했는데도 아무런 반응이 없다면 마음의 고통이 생깁니다. 흔히 열 번 찍어 안 넘어가는 경우가 없다 하지만 열 번 찍어 넘어가지 않는 경우도 있습니다. 이럴 때 정성과 노력을 기울인 만큼 좌절이 더 클 수도 있습니다.

그러면 이런 아픔들은 어떻게 치유해야 할까요? 첫째, 외부 영향이 더 큰 경우에는 외부 세계를 변화하고 개조해야 합니다. 즉, 폭력배로부터 자유로워지려면 폭력배를 잘 설득해서 올바른 방향으로 선도하든지 아니면 더 큰 물리적인 방법으로 소탕하든지 해야 합니다. 둘째, 내부의 영향이 더 큰 경우에는 자신의 생각을 바꿈으로써 자기 내부를 개조해야 합니다. 마음을 편안하게 하기 위해서는 증상에 따라 괴로움의 원인을 찾고, 그것을 제거해야 합니다.

수행한다는 것은 이처럼 자기 내부나 외부 세계를 개조함으로써 그 고통에서 벗어나는 것입니다. 우선 여기서는 자기 내부를 개조함으로써 얻는 행복과 자유에 대해서 이야기해 봅시다.

과정은 얼마나 소중한가

수행은 일정한 목표에 도달했을 때, 도달한 그 결과만 기쁨이 아니라 과정 또한 기쁨이어야 합니다. 수행을 올바로 한다는 것은 고통이 기쁨으로 변화하는 과정이므로 그 과정 하나하나가 얼마나 기쁜 것일까요? 삶이란, 결과가 아니라 과정인 것입니다.

삶을 뜨개질의 원리에 비유하면 금방 알 수 있습니다. 남이 볼 때는 완성품—옷이나 수예품 등—만 상품으로서 가치가 있는 것으로 보이지만, 만드는 사람의 처지에서 보면 한 올 한 올 수놓아가는 작은 과정들이 쌓여 하나의 완성품을 이룰 수 있었던 것입니다.

만약 한 바늘이라도 잘못 꼽는다면 좋은 결과를 기대할 수 없습니다. 그러므로 매일의 삶에 정성을 들여야 하고 그 행위 자체가 기쁨이어야 합니다.

하지만 일정하게 수행을 닦아서 공덕이라고 할 만한 결과가 나타났다고 일이 다 이루어진 것은 아닙니다. 한 가지 목표가 달성되었다고 수행이 끝날 수는 없습니다. 깨달음을 목표로 한 수행이란 깨달음을 얻었다고 해서 끝나거나 멈추지 않습니다. 하나의 깨달음은 단지 하나의 과정이 끝났음을 의미하며, 깨달은 이후의 삶이 더 주체적이고 행복하기 위한 중간 경유지일 뿐입니다.

다시 말해서 깨달음은 수행의 결과 즉, 끝이 아니라 인생을 더 자유롭게 살기 위한 하나의 출발입니다. 결코 과정 없이 결과만 행복한 삶이란 존재하지 않습니다. 그러니 매일 자기 삶을 소중하게 생각할 줄 알아야 합니다. 주체적인 인간이 된다는 것은 어떤 결과 이후에 혹은 몇십 년 이후에 얻어지는 것이 아니라 내가 주체적으로 참여하는 그 순간부터의 삶을 의미합니다. 자, 이제 수행의 공덕인 자유의 개념과 주체의 개념이 무엇인지를 한번 살펴볼까요?

원각사 보살의 이야기

행복과 불행의 변주주

1981년도, 미국 뉴욕에 있는 원각사에서 포교 활동을 하던 중 알게 된 보살님 이야기입니다. 그 보살님은 매일 아침 아들 차로 절에 출근하여 오전에는 1,000배를 하며 관음정근을 하고, 오후에는 금강경을 일곱 번씩 읽습니다. 미국에 건너와서 웬만큼 살지 않으면 매일 절에 온다는 것이 쉽지 않은 일이니 복 있는 보살님이라 생각했지요.

저는 우연한 기회에 그분에게 지금까지 살아온 이야기와 그토록 간절히 기도에 매달리는 사연을 듣게 되었습니다. 18세에 결혼해서 아들 하나 낳고 또 한 아이를 임신한 상태에서 6·25를 맞앉고, 그 때 남편과 사별했다고 합니다. 보통 아무런 마음의 준비 없이 갑자기 불행이 닥치면 그저 막막하고 눈앞이 캄캄해집니다. 이럴 때 우리는 '왜 사는가.' 하는 고민에 빠지기 쉽죠. 이 보살님도 죽고 싶은 마음까지 내었지만 자식 때문에 그것도 여의찮았다고 합니다.

왜 사는지 모르면서, 그렇다고 죽을 수도 없는 상황에서 그 보살님은 '출가하여 스님이 될까.' '절에 가서 공양주라도 할까.' 등 별의별 생각을 다 했답니다. 결국 자식 생각에 그 마음은 접어 두고 신발 장사, 채소 장사, 생선 장사, 엿 장사 등 보따리를 머리에 이고 장터로 다니면서 해 보지 않은 장사가 없었습니다. 남편 없이 두 아이를 키우는 것이 얼마나 힘들었겠어요. 그 힘든 세월, 이 보살님에게 힘이 된 것은 오직 부처님의 가피력이었다고 하더군요.

어려울 때마다 부처님에게 매달렸답니다. 혼자 살기에는 세상살이가 너무도 험해, 그 어려움을 헤쳐 갈 힘을 얻고자 관음정근을 한다든지 금강경을 독송하는 등 부처님께 의지하는 신앙 생활이 자연스럽게 몸에 밴 것이죠. 그래서인지 두 아이 모두 아무 탈 없이 성장했습니다. 큰아들은 서울대학 의대를 졸업해서 미국에 가고, 작은아들도 서울대학 공대를 졸업하고 미국으로 유학을 가서 그 곳에 정착했습니다. 이제 아들들이 출세했으니 여기서 혼자 장사하며 살 것이 아니라 미국에 가서 편안하게 살라는 주위 사람들의 권유도 있었고, 아들 처지에서도 마냥 어머니 혼자 계시도록 할 수가 없어 미국으로 오게 되었답니다. 당시 한국 사람이면 누구나 동경해마지 않던 미국 생활은 지난 30여 년 간 힘들게 살았던 고통의 대가로 주어지는 행복이라고 생각했던 것입니다.

그런데 문제는 미국에 도착했을 때부터 시작되었습니다. 자신의 불행은 남편의 죽음으로 시작되었고 이제 그 대가로 행복을 누리리라 생각했습니다. 그런데 그 행복을 손에 쥔 순간, 남편의 죽음으로 받은 충격과 고통보다 10배, 20배 더 큰 불행이 자신에게 오기 시작한 것입니다.

비행기에서 내려 미국에 첫발을 내딛는 순간부터 자신은 살아 있는 사람이 아닌 물건으로 취급되더라는 것입니다. 아들이 자동차로 한곳에 모셔 놓으면 다른 곳으로 누가 모시고 가지 않는 이상 그 곳에 가만히 있을 수밖에 없었고, 주위에 아무리 많은 사람들이 있어도 이야기할 사람을 찾을 수 없었습니다. 영화 구경이나 오페라, 식당 그 어떤 상황에도 적응하기 힘들었습니다.

이렇듯 서로 이야기가 통하지 않는 생활이 계속되면 보통 사람들은 무인도에 홀로 떨어진 것과 같은 고립감에 빠져 버립니다. 그나마 그 외출조차 못하게 되자, 마치 새장에 갇힌 새마냥 아파트에서만 생활하던 보살님은 자기 인생에 대해 새로운 자각을 하기 시작한 것입니다. 지난 30여 년 간 지독한 고생을 했다고 생각했지만 그래도 자식 키우는 보람에 젖어 고통을 잊고 살 수 있었습니다. 그런데 그 고생의 대가로 얻었다고 생각한 생활이 행복이 아닌 외딴

섬에 갇힌 감옥과 같은 생활이라는 것을 깨닫게 되었습니다. 도대체 지난 30여 년 동안 힘들게 살았던 삶의 결과가 이런 것인가 하는 절망감과 회의에 빠지기 시작했습니다. 보살님은 자신의 절망감을 아들이 이해하고 함께 풀어 주길 바랐으나, 아들이 그런 어머니의 심정을 전혀 이해하지 못하더라는 것입니다. 아들은 어머니께서 예전에는 매일 새벽부터 시장에 나가 지친 몸으로 저녁 늦게 들어오는 어려운 생활을 했지만 지금은 며느리가 해 주는 밥에, 좋은 잠자리에, 편안하게 지내시니 아무런 근심 걱정이 없으리라 여겼습니다. 이제 어머니야말로 이 세상에서 제일 행복한 사람이라고 생각했는데 오히려 괴롭다 하시니, 그저 투정으로만 보일 밖에요. 서로 생각이 다르니 차츰 아들과 어머니 사이도 소원해져 편안한 이야기 상대가 될 수 없었습니다.

그렇다고 마땅한 소일거리가 있는 것도 아니니 차츰 스스로가 불필요한 존재로 여겨져 고립감만 갈수록 커져 갔습니다. 이런 소외감은 차츰 아들에 대한 배신감과 증오감으로 바뀌었고, 지난 세월 헛고생하며 살았다는 생각에 화까지 나게 되었습니다. 어머니가 불만을 토로할 때마다 아들은 어머니가 계속 쓸데없이 짜증이나 투정만 일삼는다고 생각하여 서로간에 갈등의 골은 깊어만 갔습니다. 답답함 속에 두 아들 집을 오가던 보살님은 마침내 한국으로 돌아가야겠다고 결심하기에 이르렀습니다.

아들에게 한국에 집 하나만 얻어 주고 생활비를 보내 달라고 요구하니, 아들 처지에서는 당연히 허락할 수 없었습니다. 그러자 보살님은 돈이 아까워서 보내 주지 않는다는 생각에 증오심만 커졌고, 돈은 안 보내 줘도 좋으니 한국에 방 하나만 얻어 주면 지금까지처럼 장사하며 살겠다고 했답니다. 그러나 어머니께서 고생스럽게 살던 모습을 가슴아파했던 아들이 보내 주지 않으려는 것은 당연했지요. 제가 이분을 만났을 때 가장 큰 소원은 누구라도 비행기만 태워 주어 한국에 보내 달라는 것이었습니다. 그런 문제로 시비를 하다 보니 아들뿐만 아니라 며느리와도 갈등이 심해져 집안이 편할 날이 없었습니다.

그러던 중 원각사가 생겼고 보살님은 절에 나가면서 기도하고 경전모시는 것을 증오심의 분출구로 삼았다고 합니다. 그러나 집에 들어가 아들을 보게 되면 다시 화가 솟구치고 다음 날 다시 절에 와서 마음을 달래는 식으로 살다 보니, 매일 서러운 한숨만 깊어갈 뿐 한국에 가고 싶은 소망은 더욱 커져만 가더랍니다.

저놈의 자식, 남이다

사실 이 때 절에 와서 아들에 대한 불만을 이야기할 수 있었으면 나름대로 분한 마음이 풀렸을지도 모르지만 그것도 여의찮았습니다. 아들이 매일 자가용에 태워 절에 모셔 오고 노모에게 일도 시키지 않고 용돈도 충분히 드리니 누가 봐도 효자라고 소문이 나 있는 탓에, 보살님 입으로는 차마 내 아들이 나쁘다고 말할 수 없었고 그 때문에 더 화가 쌓이기도 했습니다.

　우리는 이 보살님처럼 어려운 시절을 홀로 자식들만 위해 살아오신 이 땅의 수많은 어머니들에게서 눈물겨운 이야기를 많이 듣게 됩니다. 처음에는 함께 울며 그 슬픈 사연을 들어 드렸지만 이야기의 끝부분에 다다르자 어떻게 해야 이분의 아픈 마음을 풀어 드릴 수 있을지, 참으로 고민스러웠습니다. 물론 그분의 이야기에 맞장구치고, 필요하다면 보살님의 가장 큰 소원인 비행기 표를 사 드릴 수도 있었습니다.

　그러나 그것이 일시적인 위안은 될지 모르나 그분 가슴에 쌓인 자식에 대한 배신감은 결코 해소될 수 없습니다. 또 아무리 아들에 대한 배신감과 증오심이 크다 해도 나이가 들면 자식 보고 싶은 마음은 커지기 마련입니다. 이처럼 애증이 교차하는 것이 부모자식 간의 심정이기에 결코 자식과 헤어진다고 해서 마음의 고통이 해소될 수 없습니다. 한참 고민하던 저는 그래도 어려운 시기에 수행을 하셨던 분이라 여겨져, 더 근원적인 해결 방법을 생각하고 보살님께 단호하게 말씀드렸습니다.

　"이것은 자업자득입니다. 자기 손으로 자기 눈을 찌른 격입니다. 스스로 지은 잘못 때문에 이런 고통을 받는데 누구를 원망하겠습니까?"

　모처럼 마음에 담고 있던 괴로운 심정을 토로하고 나서 위로의 말을 기다리던 그 보살님은 저의 이 말을 듣고는 한참을 우셨습니다. 곁에 앉아 우시는 모습을 지켜보던 저는 다시 보살님을 달래어 안정을 찾게 한 뒤, 무주상보시에 대해서 아는지를 물었습니다. 보살님께서는 남에게 베풀고 그 베푼 사실을 잊어버리는 것이라고 대답하셨습니다.

보통 우리는 무엇인가를 베풀 때 그 이후에 반드시 뭔가를 기대하는 보상 심리가 작용합니다. 그것은 꼭 물질로 되돌려 받기를 기대한다기 보다 내가 한 일을 알아 주겠지 하는 마음입니다. 무주상보시란, 어떠한 대가도 기대하지 않는 마음으로 행하는 데 있지, 단순히 베푼 사실을 기억하고 안 하고의 문제는 아닙니다.

무주상보시의 공덕이 크다는 의미를 단순히 기억의 문제로만 생각해서는 수승한 공덕을 쌓을 수 없는 것이지요. 보살님의 대답이 틀렸음을 지적하며 다시 문제의 원인을 말씀드렸습니다.

"〈금강경〉에 나오는 무주상보시의 말 뜻 하나도 모르면서 매일 일곱 번씩 읽으면 무슨 소용이 있습니까? 현재 보살님이 고통을 받는 것은 당연합니다. 객관적으로 아들의 행위 자체가 미움을 몰고 온 것이 아니라 내가 너를 어렵게 키웠으니 그 공을 알아야 한다는 보상 심리가 충족이 안 되자 아들에 대한 증오심이 일어난 것입니다. 결국 제가 말한 자업자득이란 전생에 아들에게 지은 빚을 이 생에서 갚는다는 뜻이 아니라, 자식 덕으로 노후에는 호강하리라는 마음을 낸 것이 자업이며, 그 마음을 낸 업의 결과로 아들을 미워하는 고통스러운 마음이 일어난 것이 자득입니다. 보살님 스스로 고통을 만든 것이니 아들을 원망할 필요가 없다는 것입니다."

이야기를 듣고 난 후 보살님께서는 자식에게 의지해서 살려고 한 적도 없고 그저 순수하게 키웠을 뿐이라고 하셨습니다.

"그러나 보살님에게 진정으로 기대하는 마음이 없었다면 미워하는 마음은 결코 일어날 수 없습니다. 지금 그런 마음이 일어난 것은 기대하는 마음을 가졌다는 증거입니다. 결국 보살님은 입으로는 수없이 무주상보시를 외우면서도 그것을 제대로 이해하거나 실천하지 못했다는 것입니다. 〈금강경〉에서는 무주상보시 하는 자가 보살이고 발심한 자며 또 무릇 형상 있는 것을 형상 아닌 것으로 볼 수 있을 때 부처를 본다고 무수히 일러 줍니다. 그런데도 보살님 삶의 태도는 그 반대였던 것이니, 현재의 괴로움은 어쩌면 당연한 것인지도 모릅니다."

이렇게 설명해도 여전히 '그래도 자식인데 나한테 그럴 수가 있느냐.'고 계속 수긍을 하지 못하시는 보살님께 이렇게 물었습니다.

"보살님은 길거리에 지나가는 알지 못하는 사람을 붙들고 미워합니까?"

"내가 그 사람을 미워할 이유가 어디 있습니까?"

"그렇습니다. 이렇게 남도 미워하지 않는데 하물며 자기 자식을 왜 미워합니까? 자식이 밉다면 남이라고 생각하십시오. 그러면 미워하는 마음이 사라질 것입니다. 아들이 미워 화가 솟구칠 때마다 염불을 하듯 '저놈의 자식, 남이다.' 라고 하십시오."

그런데 하루도 빠짐없이 나오시던 보살님이 저와 이런 이야기를 나눈 다음 날부터 한 달 동안 절에 나오지 않으셨습니다. 소식이 무척 궁금했으나 시간이 지남에 따라 그분은 서서히 잊혀졌습니다. 그러던 어느 날 전과는 달리 밝은 표정으로 절에 오신 그분을 뵙게 되어 그 동안 나오지 못한 연유를 묻자, "부처님이 절에만 있습니까? 아무데서나 기도하면 되지 않습니까?" 하고 밝게 말씀하셨습니다.

그 모습을 보니 보살님 마음에 변화가 있었음이 느껴졌습니다. 저하고 이야기한 그 날은 그전보다 화가 몇 배로 더 솟구쳐 머리가 터질 것 같은 상태까지 갔다고 합니다. 전에는 그래도 절에 와서 풀었는데 그 날은 자식 흉만 잔뜩 보았고 게다가 불교를 잘못 배웠다는 말까지 듣고 보니 선뜻 절에 찾아올 용기가 나지 않아 더 화가 치솟았다고 하더군요. 그렇게 3일이 지나자 너무 괴로워 자신도 모르게 '저놈의 자식, 남이다.' 는 말이 나오더랍니다. 그 뒤로 이 말이 보살님의 염불이 되어 미워하는 마음만 생기면 '저놈의 자식, 남이다.' 를 되풀이 했답니다.

그러던 어느 날, 염불에 열중하던 저녁 무렵 현관문을 열고 들어오는 자식을 보는 순간 증오심으로 얼굴에 열이 올라오면서 자신도 모르게 '저놈의 자식, 남이다.' 는 독백이 터져 나오더랍니다. 그런데 이 말을 하기 전에는 분명 아들이었는데 그 말을 하고 눈을 떠보니 전혀 낯선 사람이 서 있더랍니다. 그 순간 머리끝까지 차 있던 증오심이 흔적도 없이 사라지면서 가슴 밑바닥에서 뜨거운 열기가 솟구치고 눈물이 마구 쏟아지더랍니다. 그리고 자신도 모르게 '감사합니다.'를 연신 되풀이 하면서 한참 동안 흐르는 눈물을 훔칠 생각조차 못하셨다고 합니다. '내 아들이다.'라는 생각을 갖고 있을 때는 증오심으로 가득 찼는데 아들이 남으로 보이는 그 순간 아들에 대한 감사한 마음이 용솟음쳐 올라온 것입니다.

수행의 두 번째, 기대하는 마음 버리기

자유롭게, 더 자유롭게…

　수행은 누구에게나 필요한 것입니다. '신이 있느냐 없느냐, 전생이 있느냐 없느냐.'와는 아무런 상관이 없습니다. 수행법도 염불을 하느냐 참선을 하느냐가 중요한 것이 아닙니다. 수행은 궁극적으로 마음이 변할 수 있는 행위를 할 때 의미가 있습니다.

　그러므로 부처님 앞에 엎드려 절하는 행위도 마음이 변하는 원동력으로 뚜렷이 자각될 때 수행의 의미가 있는 것이지, 부처님을 단지 내 문제를 해결해 주실 분으로 기대하고 의지해서는 아무리 절을 많이 해도 수행의 본뜻과는 멀어지고 마침내 자신을 상실해 버리게 됩니다. 따라서 이 보살님의 수행 자세의 변화는 종속에서 주체로, 부자유에서 자유로, 고통에서 기쁨으로 변할 수 있는 수행의 공덕을 명백하게 실증해 주는 예가 될 것입니다.

우리가 누군가에게 무엇인가 베풀 때 마음에서 상대방에게서 뭔가 돌아오거나 적어도 '내 은혜를 잊지 않고 알아 주겠지.' 하는 보상 심리가 작용하는 것은 무엇 때문일까요? 다름아닌 '내 것'이라는 생각 때문이며, 근본으로 들어가면 '나' 라는 아상이 있기 때문입니다. 앞서 말씀드린 보살님의 경우도 내 아들이라는 상(象)이 있었기에 보상 심리가 일어났고, 이것이 괴로움의 원인이 되었습니다. 그러나 내 아들이 아니라 남이라는 생각을 갖게 되자 괴로움의 원인인 미움도 사라지고, 오히려 고마움과 기쁨이 일어나게 된 것입니다.

내가 무엇인가 베풀고 난 뒤에 보상을 기대하든지 안 하든지와 상관없이 상대방은 나름대로 느끼고 보상할 수도 있고 안 할 수도 있습니다. 하지만 베푸는 사람의 마음은 어떻습니까? 기대하는 마음으로 베풀 경우 그 대가가 내 기대에 충족되면 만족스러운 반면, 그렇지 않으면 상대방이 미워지고 때로는 배신감마저 듭니다. 따라서 좋은 일을 하려고 마음을 냈다 하더라도 기대하는 마음이 조금이라도 섞이면 언젠가는 반드시 나에게 고통으로 다가옵니다. 사실 기대하는 마음 없이 베풀더라도 상대방으로부터 보상이 있을 수도 있고 없을 수도 있습니다. 이 때 보상이 오면 생각지도 않았던 일이기에 기쁠 것이고, 보상이 돌아오지 않는다 해도 기대하는 마음이 본시 없었기에 괴롭지도 않을 것입니다. 이처럼 내 삶의 어떠한 행위도 나에게 고통으로 되돌아오지 않는 것, 바로 이것이 무주상보시의 첫째 공덕입니다.

무주상보시의 둘째 공덕은 이보다 더 큽니다. 우리는 주위 사람 모두에게 어떤 의미로든 기대 심리를 갖고 있고, 주변 사람들의 행위에 따라 나의 희로애락이나 삶 전체가 좌지우지되는 경우가 많습니다. 그것은 마치 자기 목에 밧줄을 여러 개 묶고서 부모·애인·형제·친구들에게 각기 하나씩의 줄을 맡긴 것과 다를 바 없습니다. 그러니 줄 한 번 잡아당길 때마다 자신의 온몸이 흔들리게 되는 것이지요. 따라서 타인의 행위에 따라 기쁨과 슬픔, 행복과 분노의 감정이 끊임없이 영향을 받게 됩니다.

그 밧줄을 끊어 버린 상태가 바로 자유입니다. 기대하는 마음이란 밧줄과 같은 것입니다. 이 밧줄을 끊어 버릴 때 우리는 진정한 자유를 얻게 됩니다. 이러한 이유로 무주상보시의 공덕이 무량하다는 이야기가 나오는 것입니다. 그러나 아무런 고통 없이 자유로운 삶이란 바로 우리들의 괴로운 현실에서 찾아진 해결법임을 아셔야 합니다. 따라서 이 방법은 부처님이나 특정한 몇몇 사람만 할 수 있는 것이 아니라, 우리 스스로 고통에서 벗어나는 가장 현실적 방법이요, 고통 없이 자유로운 저 경지는 누구나 도달할 수 있는 현실인 것입니다.

고맙습니다 · 감사합니다

앞서 말씀드린 원각사에 다니던 보살님은 현실적으로 이런 경지에 이른 것입니다. 절에 오시면 으레 법당으로 들어가 오로지 부처님께 기도만 하셨던 분이, 그 후로는 절에 오시면 늘 팔을 걷어붙이고 밥하고 설거지하고 청소하는 등 허드렛일을 열심히 도와 주셨습니다.

보살님의 이런 생활 태도의 변화는 아들 집에 가서도 나타났습니다. 일단 남의 집이라고 생각되자 밥도 주고 잠자리도 마련해 주는 아들 내외에 대해 고마운 마음으로 설거지도 하고, 방 청소도 하는 등 집안 일을 거들었습니다. 그 뿐만 아니라 전에는 아들 내외간에 조그만 소리로 이야기만 해도 보살님 흉을 보는가 하여 노여웠는데 이제는 자신과 무관한 남의 이야기라고 생각하여 일부러 자리를 피해 줍니다.

그러자 자연히 부모자식의 관계를 떠나서 아들에게 어머니는 현실적으로 이로운 존재가 되었습니다. 절에 와서도 어렵고 힘든 공양간 일을 거들어 주니까 저에게도 보살님은 이로운 존재로 다가왔습니다. 결과적으로 보살님이 살고 있는 현실 조건이 변한 것도 아닌데 스스로에게도 남에게도 아무런 걸림이 없어진 것입니다.

이런 보살님의 변화는 자식뿐만 아니라 주위 사람과도 원만한 관계를 형성할 수 있었습니다. 이제는 이분이 이대로 미국에 계시든, 한국으로 되돌아가든, 아들 집에 있든, 절에 있든, 그 어디에 있더라도 자유로운 삶을 누릴 수 있게 된 것입니다.

스스로 마음 한번 바꿈으로써 더 넓은 자유의 공간을 확보한 셈이지요. 물론 객관적인 조건이나 주변 사람들의 변화로 나의 행복을 이룰 수도 있습니다. 그러나 본래 수행의 실천은 나로부터 시작하는 것입니다. 대부분 우리들은 '기대하는 마음을 버리라.'는 가르침을 들을 때마다 자신이 먼저 해야겠다는 생각보다는 애인이나 부모, 주변 사람들이 그 법문을 듣고 나를 편하게 해 주기를 바라고 있으니까요.

기대하는 마음을 버리자 부처님에 대한 보살님의 생각에도 변화가 일어났습니다. 지난 30여 년 동안 아들의 출세가 부처님의 가피라고 감사해 오던 보살님은, 그 자식들이 자신을 가장 고통스럽게 하는 존재로 둔갑하자 오히려 부처님에 대한 원망으로 변했습니다. '삼십 년 간 오로지 부처님께 매달려 기도하고 보시했는데 왜 나의 인생이 이렇게 비참하게 되었는가, 부처님이 정말 영험이 있다면 나에게 이렇게 할 수 있겠는가.' 하며 원망만 가득해졌습니다.

그러나 이제는 부처님에 대해 기대했던 마음도 원망했던 마음도 없어지고, 부처님에 대한 감사하는 마음만 남게 된 것이지요. 내 가슴 속 깊이 응어리진 것을 풀어 주신 분이 부처님이라는 사실을 깨달았기 때문입니다. 사실 우리네 가슴에 맺힌 응어리를 푸는 일은 남산을 옮기는 일보다 더 어려운 일입니다. 그것은 돈이 많거나 과학 기술 문명이 발달한다고 해서 쉽게 풀리는 것이 아닙니다.

그런데 가슴에 맺힌 응어리를 푸는 법을 가르쳐 주고, 그 고통에서 자유롭게 해 주신 분이 부처님이기에 부처님의 형상이나 그림자, 이름만 들어도 '고맙습니다' 가 저절로 터져 나오는 것입니다.

이제는 부처님에 대해 어떤 것을 기대하는 마음도, 의존하는 마음도 없어졌지만 자기 마음에 부처님이 차지하는 비중은 그 어느 때보다 커져 있었지요. 비로소 올바른 신앙관을 갖게 된 것입니다. 그것은 부처님과 보살님 자신이 주종의 관계로 무엇인가를 주고 받는 신앙이 아닙니다. 내가 의지하고 기대하는 대상으로서 부처가 아니라 나를 주체적으로 설 수 있게 해 주신 분, 나를 자유롭게 해 주신 분으로서 부처님에 대한 감사하는 마음을 갖게 된 것입니다.

지금, 바로 여기서의 행복

보상 심리를 완전히 버리는 일은 대단히 어렵다고 생각합니다. 태어나서 지금까지 우리는 보상 심리를 당연하게 받아들였고, 그것이 자신에게 이롭다는 생각에 익숙합니다.

그러나 기대하는 마음, 보상 심리는 궁극적으로 자기를 구속하고 고통을 가져옵니다. 누군가에게 보이기 위한 행위는 그것이 아무리 좋은 행위라 할지라도 고통으로 돌아올 수밖에 없습니다. 기대감 때문에 생기는 갈등, 배신감으로 괴로워하는 사람들은 그 기대하는 마음, 집착하는 마음을 버리는 수행을 해야 합니다. 이것이야말로 자신을 가장 이롭게 하는 현실적 해결 방법입니다.

이 보살님도 지나온 삶이 허물어지는 아픔 위에 현재의 새로운 삶이 열릴 수 있었던 것입니다. 처음부터 부처님의 힘에 의지해 문제를 해결하려고 했기 때문에 보살님의 괴로움은 해소될 수 없었지요. 그러나 문제의 근원인 아들에 대한 기대심을 스스로 버림으로써, 그 고통에서 벗어나 더없이 자유롭고 기쁨에 찬 생활을 이루게 된 것입니다. 이처럼 자신의 마음을 변화하고, 개조함으로써 고통에서 벗어나고자 노력하는 것이 수행입니다. 그리하여 종속에서 주체로, 부자유에서 자유로, 고통에서 기쁨으로 변화되는 이 명백한 실증이 바로 수행의 공덕입니다. 수행의 공덕이란 신이나 극락, 전생이나 내생이 있고 없는 것과는 무관하게 지금 여기의 현실에서 이루어지는 것입니다.

수행은 분명한 목적 의식을 필요로 합니다. 막연한 기대감으로 시작한 행위는 아무리 열심히 해도 수행이라 할 수 없습니다. 그것이 기도의 형식이든 참선의 형식이든 염불의 형식이든 수행은 마음의 변화를 일으켜야 합니다. 우리는 종교 생활을 통해 괴로움에서 기쁨으로, 부자유에서 자유로, 종속에서 주체로 전환하고자 합니다. 우리의 이 목표를 현실에서 실현하는 것이 바로 수행의 공덕인 것입니다.

이와 같은 수행은 부처님이나 혹은 몇몇 사람에게만 가능한 것이 아닙니다. 평범한 현실 생활 속에 사는 우리들 누구나 실천 가능한 것이요, 현실 고통의 근원적인 치유책이라는 사실을 우리는 이 보살님의 실례를 통해 더욱 분명히 알 수 있습니다.

누구나 이 같은 수행을 통해서 고통과 부자유, 종속의 삶을 벗어나 더없이 자유롭고 행복한 삶을 실천할 수 있으며, 또 실천해야 할 것입니다.

2 바람직한 인간관계와 자기혁명

중요한 것은 잘못이 많고 적음이 아니라, 잘못을 발견하는 즉시 스스로 그것을 인정하고
고치기 위해서 노력하느냐 안 하느냐 입니다. 자신의 잘못을 살펴보고 발견하는 즉시
개선하려는 끊임없는 노력이 바로 수행입니다.

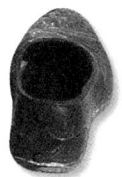

바람직한 인간 관계를 위하여

인간 관계가 어려운 이유들

만약 우리가 무인도에서 혼자 산다고 생각해 봅시다. 과연 그 삶이 행복할까요? 혼자 살면 외롭고 쓸쓸하기 때문에 더 기쁘고 즐겁고 행복하게 살기 위해 사람들은 함께 모여 관계를 맺으며 살고 있는 것이 아닐까요?

하지만 지금 괴로워하는 우리들 자신을 가만히 돌이켜보세요. 나하고 돌, 나하고 나무 사이에서 괴로움이 생겼을까요? 우리의 괴로움은 사람과 사람 사이에서 비롯됐음을 쉽게 알 수 있습니다. 이것이 우리 삶의 모순된 모습입니다. 인간이 더 즐겁고 행복하고 자유롭기 위해서 서로 관계를 맺고 살지만 바로 그 관계에서 괴로움이 발생한다는 현실이야말로 참으로 모순입니다.

그러나 수행의 출발점이 현실이기에, 이런 모순이 있는데도 왜 처음부터 관계를 맺고 살아 왔느냐는 문제보다 현재 나의 부모나 형제, 친구나 이웃 사이에서 일어나는 괴로움이나 갈등을 해소하는 실천 방안을 생각하는 일이 더 중요한 것입니다.

우리들은 이처럼 관계에서 일어난 괴로움을 없애기 위해서 때로는 그 관계를 끊어 버리기만 하면 문제가 해결된다고 생각하고, 실제로 그렇게 하기도 합니다. 마음에 안 드는 사람이 있으면 그 사람과 만나지 않으려고 하고 또 실제로 결혼하고서도 싫어지면 쉽게 이혼하고, 부모와 뜻이 맞지 않으면 집을 나가는 식으로 관계를 끊으려 합니다. 또 출가란 이름으로 세속과 인연을 끊고 깊은 산 속으로 들어가는 경우도 있습니다.

그러나 사람됨이 좋고 나쁨의 평가는 여러 사람이 함께 어우러져 사는 생활에서 그 기준이 만들어지고 판가름나는 것입니다. 무인도에서 혼자 사는 사람이 어떤 평가를 받을 수는 없습니다. 그 사람은 도둑질이나 거짓말을 할 수 없으며, 살인을 저지를 수도 없으며, 한 개인으로서 그의 어떤 행위도 본질적으로 좋다 나쁘다고 이야기할 수 없기 때문이지요.

불교에서 중요하게 생각하는 계율도 공동체 생활에서나 그 의미가 있지, 혼자 사는 생활에서는 필요 없다고 볼 수도 있습니다. 그런 면에서 혼자 산다면 고칠 것이 없으니 수행을 할 필요도 없으며, 문제가 생길 것도 없으니 괴로움이 해소된다는 식의 결론에 이르거나, 그에 따라 관계를 끊는 것으로 모든 문제를 해결하려는 경우가 생깁니다.

하지만 문제는 관계를 끊으면 괴로움이 해소되어 즐겁고 행복할 것 같지만, 또다시 외롭고 부자유스럽습니다. 그러므로 인간관계를 단절하는 방법은 순간적인 현상만을 바라보고 성급하게 내린 결론입니다. 괴로움이란, 관계를 맺어도 생기고 그 관계를 해체해도 생깁니다. 우리는 이러한 모순이 발생하는 현상을 잘 살펴보아야 합니다. 행복하기 위해 맺은 관계가 왜 괴로움을 유발하는지 깊이 살펴보면 관계를 맺었기 때문에 괴로운 것이 아니라, 그 관계가 잘못 맺어졌기 때문에 괴롭다는 사실을 알 수 있습니다.

진정한 출가 역시 같은 맥락입니다. 단순히 속세의 사람을 외면하려는 의도에서 나온 것이 출가가 아닙니다. 우리에게 고통을 주는 잘못 맺어진 관계를 해체시켜 올바른 관계를 정립하기 위한 삶의 행동이며, 본래의 목적인 행복을 되찾는 행위가 출가입니다.

그러면 이제부터 어떤 관계가 괴로움을 만들며, 어떤 관계이어야 행복할 수 있는지를 함께 찾아 나섭시다.

좋은 사람, 싫은 사람

자기가 제일 좋아하는 사람은 어떤 사람일까요? 자기에게 잘해 주는 사람일 것입니다. 나한테 잘 해 주는 사람을 크게 두 부류로 나누어 보면 첫째로 물질적으로나 정신적인 면에서 이익이 되는 사람이며, 둘째는 자기는 손해를 보더라도 내 생각에 동의하고 따라주는 사람입니다. 반면 함께 살면서 생활하는데 불편을 느끼게 하는 사람, 자기가 싫어하는 사람은 그와 반대가 되겠지요.

그러면 우리가 일상적으로 어떤 식의 관계를 맺고 살고 있는지 살펴봅시다. 대부분 자기에게 이익되는 방향으로 관계를 유지하려 합니다. 일시적인 손해를 보더라도 장기적으로 볼 때 투자 효율성이 높은 경우에 그 이익을 쫓아 인간 관계를 맺으려 합니다. 즉, 우리는 어떤 한 사람과 특별한 관계를 유지하려고 할 때 의도적이든 그렇지 않든, 이기심이 함께 한다는 것입니다.

결혼 상대자를 고를 때도 대부분 경제적인 조건이나 학벌, 신체 조건, 마음씨 등 여러 조건을 고려해서 자기에게 이익이 되는 사람을 선택합니다. 부모자식간에도 마찬가집니다. 자식이 부모를 좋아하는 이유는 '낳아 주고 길러 주어서.'에 있다기 보다 실은 부모만큼 자식에게 이익되게 해 주는 사람이 없기 때문입니다.

문제는 내가 이기심을 갖고 만난다는 행위 자체가 나쁘다는 것이 아니고, 세상 사람이 모두 그렇게 만나고 관계 맺고 산다는 사실을 냉정히 생각해 볼 필요가 있습니다. 자신의 이익을 따져 봐서 상대를 만나듯이 상대방도 역시 자신의 이익을 고려해서 관계를 맺습니다. 그 가운데 갈등이 생기는 것은 어쩌면 당연한 일입니다.

또 하나 심각한 문제는 관계를 형성하고 한두 번 만날 때는 갈등이 은폐되어 나타나지 않다가 시간이 흐를수록 갈등이 표면화 되는 경우입니다. 연애할 때는 상대방이 나의 미래 생활을 보장해 주리라는 장기적인 투자에서 당장 자신이 조금 손해를 보더라도 상대를 더 위해 줍니다. 그러다 결혼해서 6개월 정도 지나면 본심이 드러나고 서로 실망하는 경우가 있지요. 꼭 내 이익을 찾겠다는 마음은 아니더라도 은연 중 상대방의 태도에 대해 실망하는 것은 어쩔 수 없는 일이지요. 처음에는 내가 3을 주고 7을 받을 생각이었는데 상대도 같은 의도여서 현실 생활에서는 서로 3밖에 받지를 못합니다. 7을 원했는데 3을 받게 되면 웬지 마음이 흡족하지 않습니다. 실제로 내가 7을 주고도 3밖에 못 얻어서 손해를 봤다기 보다 3만 주고 7을 얻어 내려 했는데 내 기대가 충족되지 못해서 실망하는 것입니다.

누구나 결혼할 때, 혼자 보다는 두 사람의 결합이 더 자유롭고 행복할 것이라는 자기 확신이 있어야 하는데도, 오히려 서로 다른 생각에서 출발하기 때문에 갈등이 생기고, 많은 사람들은 헤어지려고 까지 하는 것이지요. 하지만 사회적인 이목과 자식 때문에 이혼도 주저하며 살다가, 나이 들어서는 인생에 대해 거의 체념에 가까운 상태로 포기하고 지내기도 합니다. 체념하는 인생은 결코 바람직하지 못합니다. 그 동안의 갈등이 문제되어서가 아니라, 주체적으로 살지 못하고 이끌려 살아 왔다는 점 때문에 바람직하지 못한 것입니다.

그러나 인생을 살다 보면 부부 관계뿐만 아니라 고부간이나, 친구지간에, 직장 동료간에 얼굴만 봐도 울화통이 치밀만큼 보기 싫은 사람이 있습니다. 그 사람과 함께 살아야 하는 고통이란 말로 표현하기 힘듭니다. 사랑하는 사람과 헤어지는 고통도 힘들지만, 만나면 괴로운 사람과 함께 살아야 하는 고통 또한 너무도 큰 것이지요. 그렇게 힘들면 만나지 않으면 될 것 아니냐고 반문할 지도 모릅니다. 하지만 인간 관계란 그렇게 쉽게 바꿀 수 없는 경우가 많습니다. 이런 경우를 직장인들은 많이 경험했을 것입니다. 회사 동료나 상사 중에 정말로 싫은데도 같이 생활할 수밖에 없는 경우가 많습니다. 세상을 살다 보면 어쩔 수 없이 자신의 활동 영역에서 서로 부딪치고 싶지 않은 사람과 불편한 관계를 지속해야 할 필요가 생깁니다. 이 괴로움을 경험하신 분은 쉽게 이해가 갈 것입니다.

대부분 우리들의 만남이란 서로가 이익되는 방향으로만 관계를 맺으려 하니 갈등이 생기고, 저마다 자기는 잘했고 상대방은 틀렸다는 생각에 사로 잡혀서 대립하게 됩니다. 이런 잘못된 관계에서 생기는 갈등을 해소하기 위해서는 무엇보다 먼저, 객관적으로 누가 옳고 그른가를 떠나, 갈등에 대한 책임은 서로 반반이라는 생각이 필요합니다. 우리의 만남이 서로 이기심을 갖고 출발되었다는 점에서는 모두에게 책임이 있기 때문이지요.

진정한 이기(利己)는 이타(利他)와 통한다

내 삶에서 행복이란 무엇인가 생각해 봅시다. 과연 나 혼자만의 행복이 존재할 수 있을까요?

부모님, 형제, 친구, 직장 동료 등 아침저녁으로 만나는 사람들이 나를 기쁜 마음으로 대한다면 행복한 삶이라 할 수 있습니다. 그 반대로 나와 관계 맺고 있는 사람들이 나를 달가워하지 않고 서로간에 갈등만 쌓여 간다면 그 모든 갈등의 축적이 나의 고뇌요, 불행한 삶이겠지요. 아상이 강하면 강할수록, 내가 이익을 얻고자 하면 할수록, 내 의도대로 하려는 마음이 강할수록 나에게 돌아오는 결과는 불행한 모습뿐입니다.

그러나 인간 관계에서 가능한 자기 이기심을 버리고, 자기 의도보다는 상대편의 의도대로 한다면 어떨까요? 아상을 버림으로, 이익이 상대편에게 더 많이 돌아가게 하고, 상대방의 뜻을 따라 주면 상대방 또한 나를 좋아하겠지요. 결국 행복한 삶이란 나를 좋아하는 사람과 함께 하며 그러한 관계를 유지하는 것이 아닐까요? 즉, 나를 버리고 내가 이롭고자 하는 마음을 버릴 때 나에게 진정한 이로움이 돌아오는 것입니다. 아상을 버리지 못하고 이기심에 매달려 살아갈 때, 궁극적으로 자신에게 돌아오는 것은 괴로움과 불행임을 알아야 갈등과 미움을 해소하고 기쁨과 사랑을 실천하는 길로 나아갈 수 있겠지요.

우리는 모두 삶의 목적이 행복하고 유익하게 살고자 하는 데에 있으면서, 실제 생활은 그와 반대입니다. 즉, 자신에게 고통이 돌아오고 손해가 생기는 이율배반 속에서 살고 있는 것입니다. 그것은 우리가 전도몽상에 빠져 있기 때문입니다. 평범한 행복의 도리를 외면해서 생긴 고통이라 할 수 있습니다.

우리의 어떤 행동도 올바른 방향으로 노력할 때만이 참다운 결과를 얻을 수 있습니다. 미혹한 생각에 바탕을 둔 행동은 이미 목표와는 다른 그릇된 방향으로 나가기 때문에 아무리 힘써 노력해도 본래의 뜻과는 거리가 먼, 좋지 않은 결과를 초래하는 것은 당연한 일입니다. 이렇듯 우리를 미혹하게 하는 전도몽상의 주된 내용은 바로 자리(自利)를 얻고자 하는 마음이요, 자기 중심적인 마음입니다. 전도몽상의 결과는 온갖 고통의 모습입니다.

모든 고뇌를 해소하여 진정한 행복을 실현하고자 한다면 먼저 뒤바뀐 생각을 바로 잡아서, 아상과 이기심을 버리고 이타(利他)행의 실천에 앞장서는 것이 요구됩니다.

우리 가운데 아상을 버리고 다른 사람을 이롭게 하는 이타행이란, 우리같이 평범한 사람은 감히 행할 수 없고, 뛰어난 수행과 덕을 겸비한 보살 같은 분만 할 수 있는 일이라고 속단하고 실천하지 않는 경우가 많습니다.

그러나 이타행을 실천하는 보살은 경전에 나오는 과거의 특정 인물만을 말하는 것이 아닙니다. 다른 사람과 관계에서 겪는 갈등으로 괴롭고 답답해하던 평범한 사람이, 그 갈등의 원인이 잘못된 인간 관계에 있었음을 자각하고, 주체적으로 갈등을 극복하고 잘못된 인생을 바로 잡아, 진실로 자신을 이롭게 하는 길을 찾아 그 길을 살아간다면, 바로 그 사람이 보살인 것입니다. 보살은 자신이 손해를 보더라도 남에게 헌신하며 살아가는 사람을 가리키는 것이 아닙니다. 가장 자신을 이롭게 하는 삶이 이타행이라는 것을 알고 있는 사람이 보살인 것입니다.

수행이란, 아무리 이타행을 중요시한다고 해도 자신이 아닌 다른 누구를 위해서 희생만 하는 것은 절대 아닙니다. 참으로 자신을 자유롭고 행복하며 유익하게 하는 길을 몸소 실천하는 생활이야말로 수행이라 할 수 있습니다.

상대의 처지에 서서…

우리같이 근기가 약한 사람이 어떻게 할 수 있을까 하는 의문은 잘못된 생각입니다. 예를 들어 내가 부모를 미워한다고 해 봅시다. 그 미움의 발단에는 분명 부모에 대한 지나친 기대심이 있기 마련입니다. 기대에 어긋날 때 미움이 생기니까요. 그러니 그 기대심이야말로 자신에게 괴로움을 일으키는 요인인 것이지요. 내가 진정으로 그 괴로움에서 벗어나고자 한다면, 고통의 원인인 처음의 그 기대심을 버려야 하고 그럴 때만이 고통은 극복될 수 있습니다.

고통의 원인과 그 극복의 길이 이처럼 분명한 데도 그 길을 접어 둔 채, 그저 부처님 앞에 엎드려 천 배, 만 배 한다고 해서 문제가 해결될 수는 없습니다. 반면에 우리가 매여 있는 기대심, 보상 심리만 버리면 절 한 번 안 해도 그 순간 모든 문제가 해결됩니다. 이처럼 간단한 고통 해소법에 무슨 근기가 강하고 약한 조건이 필요하겠습니까?

확실하고 손쉬운 방법을 알면서도 우리가 쉽게 보상 심리를 버리지 못하는 이유는 두 가지입니다.

첫째는 이 원리를 듣고 의식적으로 따져 봐서 우선 맞다는 생각은 들어도, 마음 깊은 한 구석에서는 꼭 그런 것만은 아닐지도 모른다는 의심이 남아 있기 때문입니다. 이런 경우는 논리나 원리 자체를 부정한다기 보다 보상 심리가 나에게 실제로 얼마나 큰 손해를 보게 하는 지를 체험하지 못했거나 인식하지 못한 데 있습니다.

둘째는 현재 자신이 겪는 괴로움이 미약하기 때문입니다. 따라서 그 괴로움에서 벗어나고자 하는 의욕 역시 강렬하지 못합니다. 부딪치는 고통이 자신에게 강한 압박감으로 다가오고, 걷잡을 수 없이 여러 가지 문제로 파급되어 견딜 수 없을 정도가 되면 좌절하지 않는 이상, 해결해야겠다는 의지도 거기에 비례하여 나타납니다. 이렇게 반드시 해결하려는 의지가 있다면, 갈등의 원인이 무엇인지 그 근원을 찾아내고, 어떻게 하면 그 갈등을 해소할 것인지를 구체적으로 생각하고 실행할 수 있습니다.

갈등의 원인과 그 해소법에 대한 확신과 해결 의지가 있을 때, 자기 중심적인 생각과 이기심을 바꾸려는 적극적인 실천이 뒤

따르고, 결국에는 갈등이 해소되고 나에게도 더 큰 이익이 돌아오게 됩니다.

인간 관계에서 나타나는 갈등을 해소하는 길은, 자기 중심적인 생각을 버리고 타인을 중심에 두는 방향으로 인식을 전환하는 데 있습니다. 상대편의 처지에 서게 될 때 문제가 훨씬 쉽게 풀리고 인간 관계도 원활해집니다. 기존의 인간 관계가 아상과 이기심에 바탕을 둔 관계임을 의식하지 못하고, 이기적인 마음으로 사람을 만나거나, 그것을 의식했다 하더라도 내 중심적인 사고를 떠난 행위로 승화되지 않는다면 결국 인간 관계에서 생기는 갈등은 사라지지 않고 끊임없이 괴로움을 일으키게 됩니다.

나와 만나는 사람이 유별난 성격의 소유자라서 마찰이 생기는 것이 아닙니다. 스스로 이기심을 버리지 못해 생긴 갈등이기에, 어떤 사람을 만나더라도 똑같은 결과를 야기하게 됩니다. 반면 상대가 이기심을 버린 사람이라면 굳이 내 마음을 고치지 않더라도 고통은 일어나지 않습니다. 문제는 세상 사람들 중 그런 사람이 드물다는 것입니다. 따라서 반드시 갈등을 해소하고자 한다면 필연적으로 나부터 고치지 않고서는 불가능한 일입니다. 그렇지 않으면 모든 인간 관계가 더 힘들어지지요.

오늘날 이혼율이 차츰 증가하는 추세를 띠는 원인도 예전보다 궁합을 중시하지 않는 풍조 때문일까요? 그래도 예전에는 어떤 의미에서건 대가족제도로 개인의 이기심을 줄이고, 항상 가족 전체를 위해서 살려는 마음 자세가 강조되어 온 반면, 이기주의가 팽배한 현 사회에서는 가족간에서조차 자기 이익을 따지려 듭니다. 이러한 현상은 부부 사이에서도 두드러져 서로 상대방의 처지를 생각하기 보다 자기를 먼저 앞세웁니다. 그러니 갈등은 점점 심해져 문제 해결의 길은 요원해 질 수밖에 없습니다.

사실 우리들의 이러한 마음을 잘 파악하고 올바른 방향으로 조절해 나가는 생활 자세만 갖추어져 있다면 누구와 함께 살더라도 아무 거리낌없이 자유롭게 살 수 있습니다.

상대방을 변화시켜야 할 때

그러나 공적인 인간 관계에 대한 대응은 나만 변하는 것으로는 안 됩니다. 사적인 인간 관계에서는 자신이 수행만 바르게 하면 어떤 사람과 만나더라도 갈등 없이 살 수 있지만, 공적인 인간 관계에서는 좀 어렵습니다.

대중에 대한 책임이 있고, 대중을 이끌어야 하는 공적인 관계에 서게 되면, 각 개인이 모범적으로 살아야 되는 것은 기본입니다. 그것에 덧붙여 객관적으로 잘못된 상대방이 변하지 않고서는 조직의 발전이 이루어질 수도 없습니다. 그가 나에게 잘못해서가 아니라 객관적으로 대중에게 잘못 비춰진 모습은 반드시 교정할 수 있어야 합니다. 이 때 상대방을 교정하려는 사람과 변화를 거부하는 사람 사이에 갈등이 빚어집니다.

내가 아닌 상대방을 변화시키려고 할 때, 무엇보다 먼저 고려해야 할 점이 있습니다. 자신의 이러한 생각이 이기심에서 비롯된 것은 아닌가의 여부를 철저히 반성해 보는 것입니다. 예를 들면 내 이익을 떠나 대중에게 봉사하기 위해 함께 일하는 사람들의 모임을 생각해 봅시다. 아무리 대중을 위해 봉사하겠다고 마음을 냈다 하더라도 실제로 삶의 태도가 문제되는 경우도 있습니다. 그대로는 도저히 그 사람과 함께 일할 수 없다고 생각될 때 그 생각이 과연 올바른 판단인가 깊이 살펴야 합니다.

함께 일하는 사람이 잘못된 생각과 태도를 고치지 않아서 그 사람을 배제하거나 스스로 뛰쳐 나오게 될 경우에도, 사실은 각자의 아상과 이기심에 근거한 평소의 갈등, 불만이 '생각이 다르다.'거나 '태도에 문제가 있다.'는 식으로 표출되는 수가 있기 때문입니다. 그러므로 '너와 생각이 다르다.'는 것으로 갈등이 왔다면 그 근원을 파헤쳐서 어느 쪽 책임인가를 객관적으로 살피고, 다른 사람을 변화시키려는 자신의 생각이 정말로 타당한 지를 엄정하게 판단해야 합니다. 그것이 자기 마음에 잠재되어 있는 이기심과 내 뜻대로 되어야 한다는 아상에서 비롯된 것인가, 이기심과 아상을 넘어 객관적으로 그 사람이 사는 방식이 잘못되었기 때문인지를 분명하게 인식해야 합니다.

그래도 그 사람이 잘못되었기 때문에 변해야 한다는 판단이 섰다면, 그것은 미워하고 무시하는 마음이 아닌 사랑하는 마음으로 고치겠다는 것입니다. 그럴 때 상대의 잘못을 고쳐 줄 수 있는 능력 또한 생깁니다.

파벌과 분파를 보는 올바른 관점

　　종교 활동이나 사회 활동 등 단체 활동을 하다 보면 집단 사이에도 생각이 달라 갈등이 생기는 경우가 종종 있습니다. 그런데 사실은 누가 옳고 그른지를 분명하게 판가름하기 힘듭니다. 개인 사이에 갈등이 일어나면 각 개인을 돌아보아야 하듯, 집단 사이에 갈등이 일어나면 각 집단에 대해서도 객관적으로 바라보는 자세가 필요합니다.

　　특히 집단 사이에 갈등이 빚어질 때 살펴보아야 할 점은 그 집단이 추구하는 궁극적 목적이 어디에 있느냐는 것입니다. 전체의 이익과 행복을 위해 모인 집단인데 실수가 있었던 것인지, 본래부터 전체의 이익과 행복에는 관심이 없는 이기적인 집단인지 알아야 합니다. 또한 내 자존심 때문에 상대를 이기려고 하는 것인지, 그렇지 않으면 다수 대중이 손해를 보기 때문에 부딪치고 싸우는지를 냉정하게 판단해야 합니다.

　　자기 내부의 인간적인 갈등을 앞세워 전체 문제를 해결하려 하거나, 자신을 합리화할 목적으로 헤어지고 갈라서는 안 됩니다. 그대로 놔두면 다수 대중이 손해를 보기 때문에 올바른 방향으로 바꾸어야겠다는 자세가 필요합니다. 그것이 진정으로 대중을 사랑하는 마음입니다. 이렇게 모든 관계에서 아상과 자기 중심적인 생각을 버릴 때 자기에게 이로움이 오고, 자기 고집과 아상을 강하게 내세울 때 그것이 곧 나에게 화(禍)로 돌아올 수밖에 없다는 객관적 사실이 인연과(因緣果)의 이치입니다.

행복하기 위해서 만나고 관계를 맺으며 사는 우리 인간은, 바로 그 관계에서 발생하는 많은 괴로움을 안고 있고, 그 괴로움의 근본 원인이 관계 그 자체가 아니라 잘못 맺어진 관계에 있다고 했습니다. 그럼 과연 이렇게 잘못 맺어진 관계를 올바르게 바꾸기 위해서는 어떻게 해야 하는지, 불교에서 말하는 이상적인 인간 관계를 통해 살펴봅시다.

부부 관계를 예로 들어 봅시다. 우리들이 생각해 왔던 결혼이란 불완전한 두 인격체가 결합해서 서로의 부족함을 메워 완전함을 이루는 것입니다. 이것을 달에 비유하면, 반달인 남자와 반달인 여자가 만나 하나의 완성체인 원을 이루는 것입니다. 불완전한 두 반달이 합쳐져 온달을 이루니, 얼핏 보면 완전한 모습이지만 실상을 파악하면 어떻습니까? 가운데 금이 그어져 있는 것을 볼 수 있습니다. 따라서 겉으로 합한 듯이 보이지만 본질은 나눠져 있는 상태이므로, 어느 순간 반쪽의 달이 떨어져 나가면 다시 불완전한 상태로 돌아가 각자 완전한 역할을 할 수가 없습니다.

이처럼 부부가 한 몸처럼 같이 산다 해도 한 사람이 죽거나 멀리 떠난다면, 남은 사람은 스스로 설 힘을 잃게 되어 이내 허탈해지고 삶의 의욕을 상실하게 됩니다. 몇 해 전인가 남편을 잃은 어떤 부인이 그 충격으로 옥상에서 투신 자살을 한 일이 있었습니다. 이 부인의 죽음을 순애보로 생각할 수도 있지만 불교의 관점에서 본다면 결코 바람직한 일이 아닙니다. 그 부인의 죽음은 반쪽 인생을 살아온 결과입니다. 결국 그 부인은 평생 남편에게 종속되어 살아 왔고, 자기 주체를 세우지 못한 인생을 살았다고 평가할 수 있습니다.

그러면 우리는 어떻게 결합해야 행복한 삶을 누릴 수 있을까요? 무엇보다도 먼저 자신이 스스로 완전한 보름달이 되어야 합니다. 두 사람이 만나도 두 개의 완전한 동그라미가 포개지므로 가운데에 금이 없는 하나의 완전한 동그라미가 그대로 형성됩니다. 사실 이렇게만 된다면 동그라미 다섯 개가 겹치든 몇 개가 겹치든 아무런 거리낌없이 하나의 원이 형성됩니다. 스스로가 완전한 상태에서는 혹 하나가 떨어져 나가도, 두 개가 떨어져 나가도 동그라미는 여전히 완전한 상태로 남게 됩니다. 이처럼 주체적인 삶의 기반을 형성하고 서로 결합한다면, 인간 관계에서 생겨날 수 있는 어떠한 괴로움도 쉽게 극복될 수 있습니다.

진정한 사랑, 바람직한 인간 관계

보통 우리들은 혼자 있으면 외로움을 느끼고 약해집니다. 그래서 두 사람이 만나 결혼합니다. 그런데 이번에는 외로움 대신 뭔가 구속감이나 압박감이 자리를 잡게 됩니다.

왜 그럴까요? 그것은 우리들이 소유 중심의 사랑을 하고 있기 때문입니다. 소유에 기반을 두고 맺어진 사랑에는 한계가 있습니다. '너는 이렇게 있어야 된다.'는 테두리를 그어 놓고 상대방이 그 범위 안에 있을 경우에만 사랑하고, 자신이 그어 놓은 테두리에서 조금만 벗어나도 당장 미워하는 마음으로 돌변합니다.

이러한 사랑을 진정한 사랑이라고 할 수 있을까요? 소유 중심의 사랑이란 스스로 주체적인 인간으로서 보름달을 이루지 못한 사람들의 사랑이라 하겠지요. 하지만 서로 주체적으로 관계를 맺고 만날 때는 어떠한 구속도 있을 수 없습니다.

우리가 인간 관계에서 진정으로 생각해야 할 점은, 주체적인 자세로 결합하려고 노력해야 한다는 것입니다. 두 사람이 행복하고자 결혼했다면 상호간에 신뢰를 지키는 것을 근본으로 하되, 어느 한 쪽이 어쩌다 약속을 지키지 못했더라도 진정한 사랑으로 맺어진 사이라면, 상대방의 잘못을 포용해 줄 수 있어야 합니다. 반드시 약속된 범위 내에서만 책임을 지겠다는 생각이 밑받침된 결혼은, 사랑이 배제된 일종의 계약입니다. 그런 모습은 사랑하는 사이가 아닌 일반인 사이에서 흔히 오갈 수 있는 계약과도 같습니다.

일반적으로 우리들이 생각하고 추구해 왔던 사랑은 진정한 사랑이 아닌 이기심에 근거한 것임을 알아야 합니다. 상대방이 자기 의도대로 해 준다면 사랑의 형태로 나타나고, 그 의도에 거스르면 증오의 형태로 나타나는 것도 그 때문인 것입니다.

남에게 보이려 하지 말기

　우리 인간은 자기 스스로 세계의 주인이 되고자 노력해야 합니다.

　친구를 만나는 것도, 결혼하려는 것도, 올바른 사회를 건설하려는 것도 더 행복한 삶을 위한 것이며, 우리 모두가 주인되는 길로 가기 위한 것입니다. 처음에는 좋은 뜻을 가졌다 해도 그 삶의 전 과정이 주체적이냐 종속적이냐에 따라 결과는 다르게 나타날 수 있습니다. 만약 처음 마음먹었던 좋은 의도가 실제 삶에서 주체적이지 못하고 종속적이면 어떨까요? 그 의도 자체가 하나의 강박 관념이 되어 자신을 괴롭게 만듭니다. 이처럼 행위가 주체적이냐 종속적이냐에 따라 좋은 일도 괴로운 일로, 괴로운 일도 좋은 일로 변합니다.

　학생들은 공부하기 위해서 비싼 등록금까지 내며 학교에 다닙니다. 그런데 학교 사정 상 수업을 못 하게 되면 학생들은 좋아서 어쩔 줄을 몰라 합니다. 그렇게 공부하기 싫으면 무엇 때문에 아까운 등록금을 내가며 학교에 다닙니까?

　대부분 우리는 자신의 이익을 잘 따지고 취하는 듯해도, 이같은 종속적인 삶의 방식 때문에 실제로는 항상 실리를 잃고 있으니, 이 얼마나 어리석은 일입니까?

　삶은 언제나 주체적으로 대응할 때만이 자신의 삶에서 진정한 기쁨의 수확을 거둘 수 있습니다. 만약 남을 의식하고 의지하는 등 비주체적으로 행동한다면, 어떤 행동을 하더라도 심리적으로 위축되어 괴로움을 낳습니다.

　　남을 위해서, 남에게 보이려고 하는 행위는 아무리 선한 행위라 할지라도 그 사고 방식 자체는 종속적인 태도에서 나온 것입니다. 예를 들어 누가 자신에게 법당 청소를 하라고 했을 때, 하기 싫은 데도 스님이 계시니까 열심히 닦는다고 해 봅시다. 이런 자세는 다른 사람의 눈치를 봐서 할 수 없이 하기 때문에 그 행위 자체부터가 괴롭습니다.

　　그러나 스스로 해야 할 일로 삼아 할 때는, 일하는 그 자체가 내게 기쁨이 됩니다. 이처럼 모든 행위를 주체적으로 해 나갈 때 괴로움과 갈등은 극복할 수 있습니다. 어디를 청소한다 해도 자신이 편하기 위해 자기 방을 청소하듯 한다면, 누가 따로이 어떻게 하라고 상세하게 지시하고 살피지 않더라도 구석구석 깨끗이 닦을 것입니다. 이럴 때는 자신이 좋아서 하기 때문에 방 닦는 행위 자체가 전혀 자신에게 괴로움이 안 됩니다. 인간 관계에서도 마찬가집니다.

　　자기 주체를 세워 의미를 부여하는 인생을 살아야 합니다. 자신의 어떤 행위가 누구에게 보이기 위한 면이 있다면 그 종속성에서 빨리 벗어나야 합니다. 즉, 행위는 올바르게 하되 누구에게 보이기 위한 행동을 해서는 안 된다는 것입니다. 그렇게 해야 행위 자체가 자신에게 괴로움이 되어 돌아오지 않습니다.

　　만약 내가 사업을 하기 위해 어떤 사람과 관계를 맺었다고 합시다. 나의 적극적인 필요로 맺어진 관계는 상대방에게 내가 잘 해 줌으로써 내 사업에 이익이 돌아오게 됩니다. 그러나 내 이익만 챙길 때 그 사람은 곧 나와 함께 하는 사업을 그만둘 것이고, 그 이후 모든 손해는 나에게 돌아오게 됩니다.

부부 관계에서도 남편이 아내에게 잘 해 주면, 아내 역시 남편에게 더 잘 해 줍니다. 거꾸로 아내가 남편에 대해서도 마찬가집니다. 물론 상대방이 이만큼 잘 해 주니까 나도 이만큼 잘 해 주겠다는 식의 행동이 나올 수도 있습니다. 상대방의 처지를 생각해서 잘 해 주는 그 마음이 어디 다른 데로 가겠습니까? 모두 자신에게 되돌아옵니다.

군대처럼 사람과 사람이 어쩔 수 없이 강제로 맺어진 상황에서도 옷깃만 스쳐도 전생의 인연이라고 생각해서 좋은 방향으로 풀려고 하는데, 하물며 자신이 좋아서 선택한 사람과 만나서 악연으로 만들 필요는 없지 않겠습니까?

갈등은 즉시 해소하고, 잘못은 즉시 교정하기

흔히 우리들이 갖는 개인적인 갈등이 무엇인지 다시 한번 생각해 봅시다. 이기심과 자기 중심적인 사고 방식과 그런 삶의 태도로 이루어진 관계—바로 여기에 근거하여 갈등이 발생하기 때문에 갈등 해소법은 역으로 이기심과 자기 중심적인 생각을 버리는 것입니다.

그러나 문제는 그런 갈등 해소법을 안다고 해서 갈등이 완전히 해소되지는 않습니다. 사람과 사람 사이에서 갈등이 일어났을 때, 전에는 무조건 '전적으로 네가 잘못했다.'고 생각했다면 그 갈등의 원인을 깨친 후에는 '나에게도 책임이 있다.'는 쪽으로 전환되어야 합니다. 더 나아가서 '전적으로 내 책임이다.'고 자각된다면, 차츰 갈등의 시기도 짧아지고 해소되는 속도도 빨라지겠지요.

내가 먼저 갈등의 원인을 찾아 내고 풀어 버리면 누가 이롭겠습니까? 일단 내 괴로움이 사라지니 내가 이롭겠지요. 동시에 나와 관계된 상대방도 그 여파로 이롭게 됩니다. 엄밀하게 따져 보면 나한테 오는 이로움이 더 크지요. 즉, 내가 먼저 갈등을 풀면 나에게 100이 이롭고 상대방에게는 그 여분으로 10 정도가 이로운 것이니까요. 그런데도 우리들의 심리는 묘해서 상대방에게 10 정도 이롭게 하는 것이 싫어서, 내가 100의 손해를 보더라도 그냥 그 괴로움을 끌어안고 삽니다. 이처럼 어리석은 일이 어디 있겠습니까?

갈등을 풀고 관계를 개선한다는 것은 상대방을 위한 것이 아니라 나를 위한 것입니다. 내가 풀지 못하면 내 삶이 불편하니까 먼저 푸는 것입니다. 상대방이 먼저 풀든지 내가 먼저 풀든지 맺힌 것을 푸는 것이 중요하지 자존심이 뭐가 그리 중요합니까? 자신이 먼저 풀지 못하고 상대방이 먼저 풀기를 바라는 자존심이 바로 아상(我相)입니다.

그러나 자기 삶을 주체적으로 풀어 가는 것이야말로 진정으로 자존심을 살리는 것입니다. 부모나 형제, 친구나 동료 사이에 자존심을 세워 무슨 이익이 있겠어요? 오히려 자기보다 강한 권력을 가진 사람 앞에서 고개 숙이지 않고 떳떳이 자기 주장을 할 수 있는 것이 바로 자존심이고 비굴함을 극복하는 것입니다. 이처럼 이기심과 자기 중심적인 사고 방식을 버리고 적극적으로 갈등을 해소하려는 자세일 때, 인생은 더욱 발전하는 것이고, 한발 더 다가온 행복을 느낄 수 있습니다.

　　이것이야말로 자신을 가장 이롭게 하는 현실적인 방법인 동시에 타인도 이롭게 하는 방법입니다. 누구나 완벽한 인격체인 부처가 되기 전에는 많고 적은 차이는 있더라도 잘못이나 허물이 전혀 없다고 할 수 없습니다.

　　하지만 많은 경우 우리는 잘못을 저지르고 나서 스스로에게 실망하고, 심하면 '나는 가망 없는 무능력한 존재다.' 는 식으로 자포자기에 빠지기도 하고, 한편으로는 인생이란 어차피 실수의 연속이 아니냐며 자신의 잘못을 가볍게 흘려 덮어 두려 합니다.

　　이것은 자기 주체성을 회복해 참된 행복을 찾아 나가는 올바른 삶의 자세라 할 수 없습니다. 중요한 것은 잘못이 많고 적음이 아니라, 잘못을 발견하는 즉시 스스로 그것을 인정하고 고치기 위해서 노력하느냐 안 하느냐 입니다. 자신의 잘못을 살펴보고, 발견하는 즉시 개선하려는 끊임없는 노력이 바로 수행입니다. 또한 그렇게 잘못을 하나하나 고쳐 나가는 과정에서 인생은 더 행복해지고 자유로워지는 것입니다.

성불을 향한 자기 혁명과 참회

자기 혁명과 정토 건설을 동시에

우리들이 더 자유롭고 참된 행복을 실천하고자, 수행을 통해 자신의 허물을 바로 잡고 개조하려고 할 때, 고통의 원인이 내부에 있는가, 외부에 있는가에 따라 그 실천 방향은 달라지게 됩니다. 나의 자유와 성불을 위해서는 인간 관계, 사회 구조, 자연 환경 등 외부 세계와 나라는 인간이 개조되어야 할 대상이 됩니다.

잘못된 사회 구조가 다수 대중에게 고통과 부자유를 가져올 때에는 한두 사람이 마음을 바꾼다고 해결될 수 없는 일이므로, 그 잘못된 사회 구조 자체를 개조하고 변혁해야 합니다. 하지만 고통의 원인이 자기 내부에 있을 때는 자신의 이기심과 아상이 개조 대상이 됩니다.

그러나 자기 개조와 외부 세계의 개조가 따로 분리되어 실현되는 것은 아닙니다. 그것은 나의 의식은 바깥 세계에서 조건지워져 형성되어 온 것이며, 이러한 나의 의식은 다시 세계 개조를 위한 엄청난 힘으로 발휘될 수도 있기 때문입니다.

불교에서는 자기 개조가 곧 성불의 길이 되고, 외부 세계의 개조가 정토 건설이라고 표현할 수 있지만 이들은 결국 하나의 의미입니다. 인류의 역사란 끊임없이 개조, 발전되어 온 것이지요. 바깥 세계의 개조인 정토를 건설하기 위해서는 종속적인 자기 삶을 변혁하여 주체적으로 참여함으로써 자신의 성불을 완성해 가는 것—이것이 바로 중생 구제를 향한 보살의 수행이며, 수행의 궁극 목표에 이르는 하나되는 길입니다.

그러나 구체적인 수행을 논할 때는, 상황에 따라 어느 한 쪽을 먼저 해결하거나 강조하게 마련입니다. 이 장에서는 먼저 자기 개조를 중심으로 이야기하겠습니다.

자기 혁명의 관문, 참회

자기 개조는 자신이 하고 세계 개조는 남이 하는 것이 아니라, 바로 자기 개조를 통해서 바깥 세계를 개조하고, 또 바깥 세계를 개조하는데 참여함으로써 자기 자신이 개조되는 것입니다.

이렇게 자신을 개조하는 방법에는 나 자신의 노력과 나와 관계된 다른 사람들과 함께 노력하는 방법이 있습니다. 참회란 바로 자신의 노력으로 자신을 변화시켜 나가는 방법입니다. 〈육조단경〉에는 참회에 대해서 이렇게 규정하고 있습니다.

"참(懺)이란 지난날에 지은 허물을 뉘우침이요, 회(悔)란 다시 올 허물에 대해서 경계함이다."

즉, 이미 저질러진 오류에 대해 인식하고 자각하는 것이 참이며, 저지르기 쉬운 허물에 대해서 조심하고 주의하겠다는 자기 맹세가 회입니다. 단지 지나간 허물에 대한 반성에서 끝나지 않고 다시는 그 같은 잘못을 되풀이하지 않겠다고 결심하는 삶의 자세, 이것이 참회입니다.

사람의 육신 자체는 성스러운 것도, 더럽고 죄스러운 것도 아닙니다. 단지 육체의 행위를 일으키는 마음 따라 선이나 악을 행할 뿐이고, 그 반복으로 육신에 업습이 남을 뿐입니다. 그러므로 꾸준히 마음을 변화하는 일에 힘써 악한 마음을 없애면, 본래 뿌리 없는 악업 역시 자연히 소멸됩니다. 그래서 많은 사람을 살상한 자에 대한 불교적인 처벌 방법은 죄를 지은 그 육신에 대한 것이 아니라, 다른 사람에게 고통을 주고 다른 사람을 죽이기까지 한 그릇된 그 마음을 소멸시켜 없애는 것입니다. 사실 이처럼 마음 한번 바꾸면 태산 같던 죄업도 순식간에 소멸시킬 수 있습니다.

인간은 누구나 개조될 수 있으며, 잘못된 자신을 개조하는 과정을 통해 자기 인생의 주인이 되어 행복한 삶을 누리게 됩니다. 그것이 성불의 길입니다.

이해와 깨달음의 차이

그럼 참회를 가장 잘 할 수 있는 방법은 무엇일까요?

여기 뜨거운 물병이 있다고 합시다. 이 사실을 전혀 모르는 사람에게 뜨거우니 만지지 말라고 말해 주면, 그는 물병에 대해 주의는 하겠지만 마음 한 구석에는 만져도 괜찮지 않겠느냐는 생각을 하기 쉽습니다. 즉, 이해는 해도 증득을 못한 상태에서는 행위까지 연결되기가 어렵습니다. 그러나 물병을 한번 만져 보아서 그 뜨거움을 체험한 사람은 다른 사람이 말리지 않아도 다시는 그런 행위를 하지 않습니다.

깨달음이란 마치 뜨거운 물병을 만져 보듯 명확하게 알아 버리는 것이기 때문에 곧바로 실천으로 옮겨지게 됩니다. 많은 사람들이 '분명히 알긴 아는데 실천이 안 됩니다.' 라고 말합니다. 하지만 엄격히 말해서 이 앎은 이해의 수준이지 증득의 수준은 아닙니다. 이해는 깨달음이 아닙니다. 아무리 논리적으로 따져 '아, 그렇구나.' 하고 이해를 했어도, 마음 한 구석에는 '아닐 수도 있겠지.' 하는 의구심이 자리잡습니다. 즉, 의식 상태에서는 이해했지만 잠재 의식에서는 아직도 확실하게 자기 것으로 소화하지 못한 것입니다. 따라서 한치의 의심도 없이 확연히 아는 깨달음이야말로 최고의 참회입니다.

미워하는 마음 때문에 생긴 고통은 집착을 버림으로써 그 미움의 근거를 없애고, 사람과 사람 사이에 생기는 고통은 그 원인이 자기 중심적인 생각에 있음을 확실히 알아 그 생각을 버림으로써 자유롭고 행복한 자신을 회복할 수 있습니다. 이렇게 고통이 생기는 원인을 분명하게 보고 제거하는 것이 곧 깨달음입니다.

절실함이 변화의 힘이다

사실 고통의 원인을 바로 보고 즉시 버릴 수 있는 사람이야말로 상근기이며, 추상적인 고통이 아니라 구체적인 현실에서 극심한 고통을 겪고 있는 사람 또한 상근기입니다. 왜냐하면 그에게는 고통이 확실한 만큼 그 고통에서 탈출하고자 하는 마음 역시 강하기 때문입니다.

반면 아무리 고민이 많다 해도 그 고민이 자신을 위기로 몰고 갈 만큼 심각하지 않거나 구체적이지 않은 사람은 자기도 모르게 하근기가 됩니다. 고민에서 벗어나기 위한 어떤 번뇌는 있지만 그 욕구가 현실적이지 못하기 때문입니다.

하나 더 생각해 봅시다. 다음 날 중요한 시험이 있어 밤늦게까지 공부를 할 때, 학습할 분량에 비해 시간은 턱없이 모자라고 거기다 졸리기까지 해서 답답했던 경험이 있을 것입니다. 처음에는 밤을 새우겠다고 단단히 결심하고 시작하지만 못 견딜 정도로 졸음이 오면 '잠깐만 자고 2시나 3시에 일어나 맑은 정신으로 공부하는 게 낫겠지.' 하는 쪽으로 생각이 기웁니다. 그래서 시계를 맞춰 놓고도 혹시나 해서 어머니에게도 깨워 줄 것을 부탁하고는 잠을 잡니다.

그러나 일단 잠에 취하면 막상 시계가 3시를 알리는 소리가 요란하게 울려도, 어머니가 아무리 흔들어 깨워도 자고 싶은 마음 때문에 대답만 하고 다시 잠 속으로 빠져듭니다. 그러다 문득 깨고 보면 어느 새 날이 밝아 학교에 갈 시간이 되어 버려 애꿎은 어머니한테 짜증만 내고 발을 동동 구른 경험들이 있을 것입니다. 하지만 내일 소풍을 간다고 하면 어떤가요? 어머니보다 먼저 일어나 온 식구를 다 깨웁니다. 이것이 모두 마음에 절실하고 안 하고의 차이입니다.

그러나 이러한 생각이나 마음이 단순하게 한 종류만 있는 것은 아닙니다. 불교에서 뿐 아니라, 현대 심리학에서 밝혀 놓은 바에 따르면 마음에는 여러 종류가 있습니다.

우선 외부 세계의 가지가지 사물을 인식하는 육식〔六識;眼耳鼻舌身意〕이 있고, 그 아래 잠재되어 있는 심층 의식이 있습니다. 일반적으로 무의식과 심층 의식은 같은 선상에서 보고 있고, 불교에서 이야기하는 제칠식(第七識)과 제팔식(第八識)이 여기에 속하지요. 일단 크게 의식과 무의식으로만 나누어 살펴봅시다.

깊은 잠에 들면 누가 옆에서 이야기를 해도 못 듣고, 눈앞에 무엇을 갖다 놓아도 볼 수가 없습니다. 이렇게 육근〔六根;眼耳鼻舌身意〕으로 작용하는 의식은 죽지 않았다 해도 잠이 들면 쉬게 됩니다. 그렇다고 정신이 없는 상태는 아닙니다. 의식이 쉴 때 활동하는 것이 무의식입니다. 무의식은 의식으로서 자각할 수 없는 것입니다.

의식이 일어나 활발하게 활동할 때 무의식은 의식 밑바닥에 숨어 사라지고, 의식이 쉬면 다시 일어나서 활동합니다. 그래서 의식을 표면적이라 한다면 무의식은 잠재적이라고 할 수 있습니다.

우리가 꿈을 꾸다 잠에서 깨면 머리가 개운치 않고 상황 파악이 제대로 안 되는 까닭은 무의식이 활동하던 상태에서 깨어난 초기라서 아직 의식이 정상적인 활동을 못 하기 때문입니다. 뇌에 강한 충격을 받거나 심리적으로 강한 충격을 받은 정신병 환자가 종종 이해하기 어려운 행동을 보이는 까닭도 의식이 활동하고 무의식은 쉬어야 하는데도 거꾸로 무의식이 활동하기 때문입니다.

의식은 논리적이고 이성적인 반면 무의식은 논리적이지 못하고 감성적이며, 윤리나 도덕의 통제도 받지 않습니다. 대단히 좋고 감명 깊은 법문을 듣고 처음에는 평생 잊어서는 안 되겠다던가 잊혀질 것 같지 않다고 생각했지만, 한 달만 지나 보세요. 법문 내용은 기억에 없고 도리어 잠깐 우스갯소리로 했던 이야기만 기억에 남는 경험이 있을 것입니다. 그 까닭은 논리적인 이야기는 머리로 받아들였고 우스갯소리는 마음으로 받아들였기 때문입니다.

　　마음으로 받아들인 것은 의식으로 들어오면서 쉽게 무의식의 세계에 남지만, 머리나 논리로 받아들인 것은 의식에 들어와도 무의식까지는 닿지 않았다는 것이지요. 시험 공부를 하기 위해 일찍 일어나야 한다는 생각이 의식에 있었다 해도 잠에서 깨어나지 못한 것은 시험의 중요성을 잊었다는 것을 증명합니다. 결국 해야 한다는 생각은 있지만 잠재 의식에는 전혀 영향을 주지 못했던 것입니다. 반면 소풍가는 날 일찍 일어나야 한다는 것은 정서적으로 받아들여진 것이므로 한번 받아들여지면 무의식에 그대로 쌓여, 의식적으로 일어나야 한다는 자기 강제를 하지 않아도 잊혀지지 않고 효력을 발휘합니다.

　　사실 우리 행동의 원천은 바로 이 잠재 의식에서 나온다고 할 수 있습니다. 의식적으로, 논리적으로 자신의 잘못된 습성을 고치려 해도 잘 안 되는 까닭은 이미 그 습성이 잠재 의식에 뿌리 깊이 내재해 있기 때문입니다. 따라서 자신의 개조는 심층 의식인 잠재 의식에 변화가 일어나야 가능한 것입니다.

자기 혁명의 두 가지 방법

　　이처럼 심층 의식까지 변하기 위해서는 두 가지 실천 방법이 있습니다.

　　먼저 자신의 잘못을 확실히 이해하고 마음에 강하게 받아들여 이것이 곧바로 심층 의식에 다가가 일시에 변하는 것이 무엇보다 좋은 방법입니다. 이것은 비교적 감상적인 방법이긴 하지만 이렇게 누군가를 일시에 변화할 수 있는 능력을 법력이라 합니다.

법력은 말을 조리있게 잘 하는 능력이 아니라 뭔지 모르게 상대를 끌어당기는 힘이며, 잘못에 대한 비판이나 칭찬을 듣는 상대가 그것을 가슴으로 받아들일 수 있게 하는 힘입니다. 이런 법력이 있는 사람을 만나거나 스스로 그렇게 가슴에 와 닿는 특별한 계기가 있을 때는 자기 개조에 진전이 일어납니다.

그러나 이것과는 다른 평범한 상황에서도 가능한 것이 있습니다. 반복된 의식 훈련이 꾸준히 쌓여 잠재 의식까지 영향을 주는 것입니다. 우리 의식은 쉽게 형성되고 바뀌어지기도 하지만 과거의 반복된 의식이 쌓여 잠재 의식에 영향을 주듯, 거꾸로 자신을 고치려는 의식적인 노력으로도 새로운 나의 모습을 잠재 의식에 쌓을 수 있습니다.

가령 부모를 미워하는 마음 때문에 괴로운 사람이 있다고 합시다. 그에게 고통의 해결책은 부모를 미워하는 마음을 버리는 것이며, 그 구체적 실천 방법에는 두 가지가 있습니다. 첫째는 괴로움의 원인에 대해 단순히 이해하는 차원이 아니라, 가슴 깊이 받아들여 미워하는 마음을 버림으로써 해결하는 길입니다. 둘째는 부처님 앞에 엎드려 절하면서 '미워하는 마음을 버리겠습니다.' 는 말을 입으로든 마음으로든 계속 반복함으로써 차츰 그 마음을 버려 나가는 것입니다.

　　이것은 잠재 의식에 대한 일종의 자기 최면이라 볼 수 있지만, 어찌됐든 꾸준히 노력하기만 하면 의식 세계에서 쉽게 버려지지 않던 아무리 강한 증오심이라도 실제로 버려지는 것을 체험할 수 있습니다. 자신의 성품이 어떻게 잘못 되었는지를 확실히 인식함과 동시에, 정말로 고치지 않으면 안 된다는 의지가 있을 때 진정한 참회가 이루어지고 자기 개조를 위해 행하는 기도 역시 바르게 할 수 있습니다.

3 이 시대의 보살적 삶을 걷는 이들에게

저에게는 또 하나의 상, 기둥이 있었던 것입니다.
그것은 바로 '나는 헌신적으로 일하는 법사다' 라는 기둥이며
그것이 자신을 짓누르고 있었습니다. 지금까지 자신의 모든 것을 버리고
부처님 가르침대로 살아가는 사람이라고 굳게 믿었는데
그것이 허구였음이 백일천하에 드러난 셈입니다.

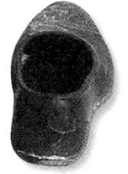

항상 반성하고 항상 겸허하라

자장 율사의 문수 보살 친견기

앞에서 보살이란, 자신이 아픔을 겪을 때 타인의 아픔을 생각하고, 이웃이 겪는 아픔을 자신의 아픔으로 여겨 이 땅에 다시는 그런 아픔이 존재하지 않도록 노력하는 사람이라고 했습니다.

그럼 보살이 한번 발심하기만 하면 이후 계속해서 처음 마음먹은 대로 살아갈 수 있을까요? 차가 고속도로에서 한번 시동이 걸리면 계속 달리듯이, 보살도 한번 발심하면 계속 불퇴전으로 나아갈 수 있겠느냐는 것입니다.

자신이 고통에서 헤매일 때는 그 고통을 이해하고 극복하려고 발심했다 하더라도, 그 고통에서 조금만 벗어나면 안일해 질 수밖에 없는 것이 인간의 생활입니다. 인간은 동물보다 뛰어난 존재입니다만 그렇다고 해서 아주 특별한 존재도 아닙니다. 주어진 생활에 쉽게 안주하고, 환경이 바뀌면 그에 따라 마음도 변하게 마련입니다.

따라서 한번 발심했다 해서 반드시 좋은 결과가 계속되는 것은 아닙니다. 한번 발심한 마음을 지속하기 위해서는 끊임없는 자기 반성과 자기 성찰이 요구됩니다. 그래서 보살은 개인 관계에서든 사회적 차원에서든 이타행을 하는 과정에서든 '내가 남을 위하니까 훌륭하지 않느냐.' 는 생각으로 안이하게 지낼 것이 아니라 끊임없는 자기 반성을 거듭해야 합니다. 보살은 무엇보다도 겸허해야 합니다. 그렇지 않으면 한순간에 아상을 갖게 되고 그 아상 때문에 중생을 구제하기는커녕 자신과 주변 사람들까지 고통에 빠뜨리게 됩니다.

〈삼국유사〉에 보면 이런 이야기가 나옵니다.

자장 율사는 신라 시대의 스님으로서, 당나라에서 수행할 때 문수 보살을 친견하고 마정수기를 받습니다. 불교 계율의 시초를 마련하고 불법의 일대 부흥을 일으켜서 최고 승직인 승통의 지위까지 오르게 되었지요.

자장 율사는 문수 보살을 친견했을 때 "제가 열반에 들기 전에 한번만 더 보살님을 친견했으면 좋겠습니다." 하고 간청합니다. 이에 문수 보살은 "신라 태백산에서 만나자."고 약속했지요. 그래서 자장 율사는 노후에 직위에서 물러난 후, 태백산에 있는 사찰인 정암사 뒤편에 기도처를 마련하여 시자 한 사람만 데리고 기도 생활에 들어갔습니다. 산 속에 칡덩굴로 토굴을 지어 놓고 백일 기도를 올렸습니다. 백 일째가 가까워질수록 기도의 정성은 더욱 극진해져 갔습니다.

그러던 어느 날, 머리를 풀어헤친 채 다 떨어지고 허름한 옷을 입고 망태기를 걸친 거지 행색의 사람이 움막 앞에 와서 "자장 있느냐."고 외치는 겁니다. 시자가 나와 보니, 웬 거지 행색을 한 노인이 서 있었는데, 망태기 안에는 죽은 개가 들어 있어 지독한 냄새까지 풍기고 있었습니다. 마치 신성한 기도 도량을 비웃기라도 하듯 악취가 풍기는 죽은 개를 메고서, 임금님도 엎드려서 절을 할만큼 귀하신 자장 스님을 멋대로 불러 대니 어이가 없었겠지요. 시자가 왜 찾느냐고 묻자 "너는 알 바가 아니다. 자장을 좀 보자."며 버티고 서 있는 것입니다. 할 수 없이 시자는 토굴 안으로 들어가 자장 율사에게 이 사실을 전합니다.

그러자 스님은, 정진의 도는 점점 깊어지고 기도는 무아지경에 도달하는 차에 이상한 자가 찾아와 방해를 한다 싶어 돌려 보내라고 말씀하지요.

이 말을 전해들은 그 거지는 "돌아가리로다, 돌아가리로다. 아상이 있는 자가 어찌 나를 보겠는가." 하면서 망태기를 탁 텁니다. 그 순간 망태기 안에 들어 있던 죽은 개가 사자로 변하는 것이었습니다. 거지 노인이 그 위에 가볍게 올라타고 구름 저편으로 날아가는 데 바로 그분이 문수 보살이었습니다. 기도하던 자장 율사가 이 소리를 듣고 깜짝 놀라 뛰어나왔으나, 이미 문수 보살은 저 동쪽 하늘가로 날아간 후였지요. 사라져 가는 문수 보살을 바라보며 쫓아가다가 자장 율사는 그만 입적을 합니다.

이상의 예는 자장 율사를 낮추어 보자는 의미가 아니라 그처럼 도력이 높고 훌륭한 수행자라도 한순간 아상에 가리면 자신을 보지 못할 수 있음을 얘기하고자 함입니다. 보살이라고 해서 백의를 걸치고 휘황찬란한 모습으로 하늘에서 구름을 타고 내려오는 것이 아닙니다. 오히려 보살은 이 세상에서 가장 가난한 자, 천대받는 자의 모습으로 우리 곁에 옵니다.

당당하면서 겸손하기

석가모니 부처님도 성불하신 뒤 45년 간을 다 떨어진 옷 한 벌만 걸치고 맨발로 다니셨습니다. 흉년이 들어 마을 사람들이 기근에 허덕이면 그분도 함께 굶주렸고, 마을 사람들이 말먹이로 허기를 달래면 그분도 함께 말먹이를 드셨습니다. 부처가 부처인 것은 금빛 찬란한 옷, 삼십이상 팔십종호라는 찬란한 몸매, 타고난 웅변과 위엄 때문이 아닙니다. 언제 어느 곳에서나 중생과 함께 하셨고, 중생 스스로 성불할 수 있는 길을 열어 주셨기에 부처님이십니다.

　　소위 자장 율사 같은 분도 아상을 버리기 어려운데 하물며 어떻게 우리 같은 중생이 쉽게 아상을 버릴 수 있겠느냐고 질문할 수도 있습니다. 오히려 아상은 무지몽매하다는 민중들보다 수행자, 도인, 법사, 지식인 등 소위 지각 있다는 사람들에게 더 많습니다.

　　〈금강경〉을 보면, 보살의 길을 가는 사람들에 관한 구절이 나옵니다. 보살은 마땅히 모든 중생을 구제하기 위해 애써야 합니다. 그러나 만약 보살 마음에 아상·인상·중생상·수자상이 있다면 그는 이미 보살이 아니라고 했습니다. 상이 있으면 보살이 아니라고 한 뜻은, 우리가 갖고 있는 자기 중심적인 생각과 이기심을 버리고 끊임없이 노력하지 않으면 온전한 보살행을 이룰 수 없다는 것이지요.

　　재물도 버리고 가족과 이별하는 아픔까지 감수하고 출가한 사람이 여전히 또 하나의 자기 고집, 또 하나의 파벌, 또 하나의 논리에 집착한다면 세속 생활과 조금도 다를 바가 없을 것입니다. 수행에 필요한 것은 어떤 형식이 아니라, 잘못된 것과 단절하는 단호한 마음과 끊임없이 자신을 되돌아보고 반성하는 자세입니다.

　　그래서 부처님께서는 "너희는 비굴하지 말고 당당해라. 그리고 너희는 교만하지 말고 겸손하라."고 하셨습니다. 이 말씀에는 비굴하거나 교만해서도 안 되고, 당당하되 겸손해야 한다는 뜻이 있습니다. 즉, 당당하라는 것은 내 주체를 상실하지 말아야 한다는 뜻이고, 겸손해야 한다는 것은 타인의 주체를 인정해야 한다는 의미입니다.

우리들이 발심해서 자기 삶을 극복하려고 노력해도 지속적으로 자신을 돌아보며 반성하지 않으면 어려움에 직면했을 때 그것을 뚫고 나가기가 쉽지 않습니다.

그것은 〈삼국유사〉에 나오는 '경흥 국사 편'을 보면 알 수 있습니다.

신라 중기 때의 경흥 국사는 그 당시 가장 위대한 승려로 추앙받고 있었기에 왕궁을 출입할 때에도 말을 타고 드나들 수 있는 특권이 있었습니다. 그만큼 국가로부터 대우받고 존경받는 분이었기에 말을 타고 행차했다 하면 그분을 모시는 많은 사람들이 행차를 알리며 길을 트느라 분주했습니다.

하루는 경흥 국사가 여느 때처럼 궁중으로 행차하는 데, 어떤 걸인이 북어 세 마리가 담긴 망태기를 둘러메고 길 가운데를 막아 섰습니다. 그리고는 절도 하지 않고 고개를 빳빳이 쳐든 채 행렬을 쳐다보았습니다. 앞에서 행렬을 이끌던 사람이 "위대한 국사님이 지나가는데 너는 왜 절도 안 하고 더러운 옷차림으로 길을 막고 서 있느냐? 게다가 그 비린내나는 죽은 생선까지 메고서 이 무슨 무례한 행동이냐?" 하고 호령했습니다. 그러자 이 사람은 태연스럽게 대꾸합니다.

"나는 시장에서 파는 북어 새끼 몇 마리 들고 있지만 어떤 자는 산 고기를 사타구니에 끼고 다니지 않느냐. 산 고기를 사타구니에 끼고 가는 자도 있는데 죽은 고기 몇 마리 갖고 있다고 뭐가 그리 부정하냐?"

이 말에 경흥 국사가 깜짝 놀라면서 황급히 말에서 내렸습니다. 그 후로 경흥 국사는 말을 타지 않았고, 나라에서 베푸는 호화로운 생활도 버리게 되었다고 합니다.

보살은 화려한 모습으로 우리 곁에 오는 것이 아니지요. 우리들이 아상에 가려져 있을 때 바로 그 상을 깨우쳐 주기에 알맞은 모습으로 다가옵니다. 그렇기 때문에 발심하는 것도 중요하지만, 지속적으로 자신을 되돌아보는 것이 더욱 중요합니다.

포교 일선의 체험담

불교 활동만을 유일한 기둥 삼아

저는 불교에 심취되어 학교 공부도 그만둔 채 포교 활동에만 전념했었습니다. 하지만 절에 들어가서 승려 생활을 하지 않는 이상 직장 생활을 할 수밖에 없었습니다. 그렇다고 직장 생활하는 목적이 개인적인 이익을 얻기 위한 것이 아니었기에 어느 정도 돈이 모아지면 불교 활동에 전념하다가, 활동비가 부족해지면 다시 직장 생활을 하는 등 몇 번의 시행 착오를 되풀이했었지요.

지금은 재가자라 하더라도 자신의 의지만 확실하면 포교 활동하는 것이 비교적 쉬운 편입니다. 그러나 그 때는 재가자들이 포교 활동하는 것 자체가 인정되지 않던 시절이었어요. 재가 법사의 포교 활동을 인정하는 포교사 자격이 주어진 것은 82년부터 였습니다. 그것도 80년 이후 기독교 세력이 급격히 팽창하기 시작하자 거기에 위기 의식을 느낀 종단에서 재가자 활동을 공식적으로 인정한 것입니다.

그렇지만 재가자 활동이 여의찮던 시대에 포교 활동을 열심히 할 수 있었던 원동력은 불교가 좋아서였지, 다른 사람에 의해서나 또는 자격증이 주어져서 한 것은 아니었지요. 조건이나 자격 이야기를 하는 사람들이 많지만 부처님 당시에 누가 자격을 부여해서 포교 활동을 했겠습니까?

미국에서 포교 활동을 하다가 돌아온 후, 82년부터 불국사에서 본격적으로 포교 활동을 시작했습니다. 물론 전에도 똑같이 포교 활동을 했지만 그 때부터 바깥 생활은 아예 단절한 채 포교 그 자체 일 즉, 법사로서 전문적인 활동에만 몰두했습니다. 제가 좋아서 시작한 일이긴 했지만 불국사에서 살면서 활동하던 시절에 견디기 힘들고 불만스러웠던 일도 많았습니다.

청소년 포교 활동을 하다 보면 돈이 필요할 때가 있습니다. 그럴 때마다 어렵게 사는 고향 집에서 돈을 얻거나 친구에게 빌리거나 예전에 직장 생활할 때 모아 두었던 돈으로 충당했습니다. 그 당시 저는 사회 문제에 대해 약간의 인식이 있었기에, 포교 활동을 하면서 인권 문제 같은 것을 이야기 하다 보니 젊은이들 사이에 회자되었습니다. 특히 지방이다 보니 금방 소문이 났습니다. 결국 불국

사로 모종의 압력이 들어오는 바람에 그나마 포교 활동조차도 못하게 되었습니다.

그러던 차에 시내에 포교당 자리가 생겨서 그 곳으로 들어갔습니다. 재정 기반도 없는 절터에 건물만 덩그라니 있는 상황이었지만 그래도 맨바닥에 헤딩하는 것보다 나은 조건이기에 자신감을 갖고 활동하기 시작했습니다. 어린이부·중등부·고등부·대학부·청년부까지 만들어 불교 교리를 공부한다고 방마다 모였고, 법당에서는 기도하고, 마당에서는 아이들이 공차고 놀아 항상 절이 사람들로 붐볐습니다. 재정 지원을 해 줄 사람은 없었지만, 그나마 공간이 있다는 데 만족하고 포교 활동에만 전념했습니다.

그 당시 친구들이라도 간혹 만나면 '미치지 않았느냐.'고 염려하는 소리를 많이 들었습니다. 그러나 저는 그 어떤 것도 부러워하지 않았고 자신감을 갖고 활동했지요. 비록 재산도 명예도 다 버린 셈이지만 부처님 가르침대로 살고 있다는 긍지로 가득 차 있었고 그 하나가 유일한 기둥이었습니다. 그러다 보니 가족 관계도 소원해지고 친구들과도 연락이 끊어져, 결국 포교 활동만이 제 인생의 유일한 기둥인 셈이었습니다.

불우한 상이 군인과 만남

그러던 어느 날, 사시 예불을 드리는데 법당 문을 두드리는 소리가 났습니다. 문 두드리는 소리에 도저히 예불을 드릴 수 없어

나가 보니, 팔과 다리가 하나씩 없는 사람이 서 있는 거예요. 그 사람을 보자마자 제 마음에는 '저 사람 동냥하러 왔구나.' 하는 생각부터 일어났습니다.

그래서 "기도가 곧 끝나니 잠깐만 기다리시오." 하고 다시 기도를 계속 했습니다. 그런데도 사정 없이 문을 두드리는 겁니다. 속으로 동냥하러 온 주제에 그것도 못 참는가 싶어 화가 났지만 표현은 못 하고 나가서 다시 얘기를 했습니다.

"내가 이렇게 바쁘니 조금만 기다리시라니까 왜 그러십니까?"라고 하자

"당신만 바빠요? 나도 바쁩니다."

"아무리 당신이 바빠도 당신에게 돈을 주기 위해서는 기도하다 말고 방에 갔다 와야잖소?" 하니 그 사람은 나를 쳐다보면서 "내가 언제 동냥하러 왔다고 그랬소?" 하는 겁니다. 그 얘기를 들으니 한 대 얻어맞은 기분이었습니다. 저는 아직 그 사람에게 무슨 일로 왔느냐고 물어 보지도 않았고 제 편견으로 넘겨짚은 것입니다.

"어떻게 오셨습니까?"

"이 절의 중이 되려고 왔소."

그 소리를 듣자 화가 버럭 났습니다. 바로 1년 전 10·27법난으로 스님 150여 명이 군인들 총칼 앞에서 마치 개 끌려가듯 계엄사에 연행되어 고문 당했던 사건이 생각났습니다. 법난이 일어나고 난 후 스님들에 대한 비난이 거세졌습니다. 많은 사람들이 스님들

을 이상하게 보거나 우습게 보는 경향이 있었고 심지어 멸시 당하는 기분까지 들 정도였습니다. '아무리 스님 권위가 떨어졌다 해도 아무나 스님이 되는 것은 아니지 않는가. 스님은 삼계의 대 스승이신데 어찌 불구의 몸으로 거지 하다가 스님이 될 수 있는가?' 이런 생각이 미치자 울화가 치민 것이지요.

그러나 부처님은 분명 누구든지 승려가 될 수 있다고 했으니 그에게 안 된다고 말할 수도 없었습니다. 그래서 "당신도 보다시피 우리 절은 길거리에 있고, 아이들도 들락거려 시끄럽고 더욱이 스님도 계시지 않은 곳이라 출가하여 공부할 만한 조건이 못 됩니다. 다른 절에 가 보시는 것이 어떻습니까?" 이렇게 권유하자, 다른 곳에도 가 보았지만 가는 곳마다 다른 데 가보라고 하더랍니다.

그 말을 듣는 순간 저는 또 한 대를 얻어맞은 기분이었습니다. 그런 흉측한 모습을 한 사람이 왔으니 절마다 받아 주지 않은 것이지요. 이것이 당시 불교계의 현실이었습니다.

그 말을 들은 후 저는 굉장히 공손해졌어요. "다른 이유가 있어서 당신을 받아들이지 못하는 것이 아니라 우리 절 사정이 워낙 어렵다 보니 그렇습니다. 그건 그렇고 당신은 왜 출가를 하려고 합니까?" 하고 묻자 자신의 이야기를 하기 시작했습니다.

"제 모습이 처음부터 이런 것은 아니었습니다. 월남 전쟁에 참가하여 팔과 다리를 잃게 되었지요. 귀국해서 받는 국가 연금으로는 도저히 생활할 수가 없었습니다. 그래서 마누라가 직접 살림을 꾸려 나갔습니다. 마누라 등에 엊혀 산다고 생각되자 마누라의 태도 하나하나가 병신이라고 업신여기는 것 같았고 자식들까지도 나를 괄시하고 우습게 보는 것 같았어요. 그래서 조그만 일에도 화를 벌컥 내거나 상을 집어 던지고 술만 마시면 행패를 부리게 되었지요. 나 자신 뿐 아니라 가족에게까지 고통을 주니, 나같이 쓸모 없는 놈은 없어져 버리는 것이 가족들에게도 훨씬 좋겠다는 생각만 간절해지더군요. 그렇다고 스스로 목숨을 끊을 수 없어 속세를 떠나 중이 되겠다는 결심을 한 것이지요."

타의로 할 수 없이 끌려간 전쟁터에서, 더군다나 팔과 다리를 잃고 가족에게 외면당하는 그 답답한 마음과 울화를 상상하기 힘들 것입니다. 제가 그분의 심정을 이해한다고 해도 어떻게 할 도리가 없었어요.

"그러십니까? 그 답답한 마음을 닦으려면 꼭 출가하여 스님이 되지 않아도 수행은 할 수 있습니다. 조용한 산사에 가서 수행을 하시면 될 겁니다."

역시 내 이야기는 지금 이 곳은 포교하고 교육하는 곳이라, 기도하고 수행하기에는 어려우니 다른 곳을 찾아가 보라는 뜻이었지요. 돌이켜보면 어폐가 있었습니다. 그 당시 제 생각은 수행과 포교를 분리하여 기도는 조용한 곳에서, 포교는 사람과 부딪치는 현실에서 하는 별개의 것으로 여겼던 것입니다.

자신이 헌신적이라는 상에 가리워

그리고 이 곳을 어떻게 알고 오셨는 지를 묻자, 가슴이 답답해서 죽을 지경이라고 하자 누가 여기로 가보라고 해서 왔다는 것입니다. 그 얘기를 듣는 순간 누군가 큰 쇠망치로 제 뒤통수를 힘껏 치는 것 같은 충격을 받았지요. 제 자신이 그 자리에서 확 무너져 내리는 것을 느꼈습니다. 일주일 전에, 포교를 하기 위해 안내문을 제작하여 시내에 돌렸던 일이 생각났습니다. 안내문 머리에 큰 글씨로 '마음이 불안하고 답답한 자여! 여기 부처님께서 마련하신 좋은 안식처가 있으니 여기로 오십시오.' 라고 써 놓았거든요. 그 안내문을 보고 진짜로 마음이 불안하고 답답한 사람이 찾아온 것입니다.

하지만 솔직히 이 사람을 처음 본 순간부터 제 머리에는 '어떻게 하면 저 사람을 빨리 내보낼 수 있을까.' 하는 생각으로 가득 찼었습니다. 처음에는 '돈을 줘서 내보낼까, 그 다음에는 다른 절을 소개해 주어 내보낼까.' 라는 궁리를 하고 있었던 것입니다. 그 사람의 아픔을 끌어안으려는 생각보다 어떻게든지 빨리 내보낼 생각 뿐이었습니다.

그렇다면 이제까지 내가 포교한다고 했던 행위들은 다 무엇인가? 나의 도움 없이도 저희들끼리 재미가 좋아 신나게 뛰어 놀고 잘 살 수 있는 아이들을 불러다 놓고, '인생은 고(苦)다, 인생은 무상(無常)이다.' 하면서 붙들고 있었던 것이 아닌가! 나를 필요로 하지 않는 사람들을 공연스레 붙들어 놓고 내가 없으면 마치 제대로 살지 못할 것처럼 그들을 가르친 것이 아닌가! 나는 내 모든 것을 바쳐서 포교에 전념한다고 했지만 과연 나는 어떤 사람이었던가!

저에게는 또 하나의 상, 기둥이 있었던 것입니다. 그것은 바로 '나는 헌신적으로 일하는 법사다.' 라는 기둥이며 그것이 자신을 짓누르고 있었습니다. 지금까지 자신의 모든 것을 버리고 부처님 가르침대로 살아가는 사람이라고 굳게 믿었는데 그것이 허구였음이 백일천하에 드러난 셈입니다.

만약 부모님이 갑자기 돌아가셨다거나, 집안이 파산했다거나, 직장에서 해고당했거나, 가족이 모두 죽고 혼자만 남는 등 생각지도 않은 처지가 되었을 때 느끼는 막막함은 당시 제가 느꼈던 막막함 보다는 적을 것이라 생각합니다. 왜냐하면 여러분에게는 많은 기둥이 있기 때문입니다. 인생을 살면서 부모나 애인, 학벌이나 재산 등 많은 의지처 중 일부가 쓰러져 가는 것 뿐이지만, 저는 오직 하나의 기둥만을 껴안고 산 셈이었기 때문에 그 기둥이 바로 위선이었음을 자각했을 때의 막막함은 굉장히 클 수밖에 없었지요. 자신의 위선적인 모습을 자각하지 못하다 갑자기 유일한 기둥이 무너지자, 눈앞이 흐려지면서 멍해졌습니다.

부처님을 찾거나 부르는 것도 마음의 답답함이 어느 정도 있을 때나 그렇지, 자신의 전체가 붕괴되니 아무 생각도 나지 않고 눈물만 흐르는 겁니다. 망망대해에 나 홀로 떠서 어찌할 바를 모르는 마음보다 더 참담했습니다. 죽고 싶은 마음도 살 마음이 조금이라도 있을 때 생기는데 그런 마음조차 일어나지 않고 그저 넋나간 사람처럼 돼 버렸습니다.

　그러니 그 사람에게 뭐라고 해줄 말이 없었어요. 마음이 답답하다고 하는데 제가 뭐라고 얘기해 주겠습니까? 만약 그 사람이 불교 공부를 했다면 교리를 가르쳐서 이해를 시키든지, 절에 다녀 본 사람이라면 기도라도 시키겠지만 불교에 대해 아무것도 모르고 그저 답답한 마음만 안고 온 사람에게 어떻게 해 줘야 할 지 막막하기만 했습니다. 어떻게 그 사람을 돌려보냈는지 생각도 나지 않습니다. 이제는 바로 제 자신의 문제에 직면한 것이지요.

　저는 평소에 성격이 꼼꼼해서 항상 점검하고 챙기는 편입니다. 외출이라도 할라치면, '절은 누가 지킬 것이며, 전깃불은 어떻게 하고, 법회는 어떻게 할 것인가.' 하는 식으로 모두 정해 놓고 확인하는 성격이지요.

　그러나 이러한 것들도 나라는 것이 있을 때의 일이지, 내가 무너져 버리자 아무 의미도 없어져 버렸습니다. 나야말로 법 없이도 살고 가장 헌신적으로 봉사하는 존재로 생각했는데 이런 자신의 존재가 철저히 부정당하고 그것도 아주 위선적인 존재로 다가오자 다시는 세상에 나오지 말아야겠다는 생각 뿐이었습니다. 이제까지 남을 가르치겠다고 법문을 해 왔고 또한 깨우침을 얻겠다고 그렇게 열심히 노력했는데도 이렇게 거짓투성이고 위선적인 제 모습에 물밀 듯이 회의가 밀려 왔습니다.

적극적인 포교 행위가 깨달음으로

그러다 저도 모르게 제 발걸음은 경주 남산으로 향했습니다. 그 곳에는 제가 학교 다닐 때 다녔던 칠불암이라는 기도 도량이 있습니다. 그 칠불암 부처님 앞에 쓰러졌습니다. 제 육신은 살아 있지만 이미 마음은 죽어 버린 상태였지요. 부처님이라는 말 한 마디도 안 나왔습니다. 살고 싶다거나 죽고 싶다는 어떤 생각도 없이 그저 멍한 상태로 있었어요. 인간 세상에 다시 나타나지 말아야겠다는 한 생각으로 가득한 채 부처님 앞에 엎드려 눈물만 계속 흘리고 있었습니다.

그러다 깨어 보니 3일이나 지난 뒤였습니다. 그 2, 3일 동안 추웠는지 더웠는지, 배가 고팠는지, 해가 뜨는지 지는지 아무런 의식도 못 느끼고 지냈던 것입니다. 죽음보다도 더 무서운 아픔이었지요. 자신의 뿌리까지 완전히 부정됨으로써 나타난 것이니까요. 이러한 막막한 상태에 있다가 마침내 마음에 한 줄기 빛 같은 것을 받으면서 기운을 회복했습니다.

그리고 다시 포교원으로 내려와서 예전과 똑같이 포교 활동을 했습니다. 그 사건을 계기로 많은 깨달음이 있었는데 그 가운데 하나는 이런 것이었습니다.

돌이켜보면 저는 제 자신을 위해서 불교를 믿었던 것도, 포교 활동을 한 것도 아니었습니다. 내가 굳이 나서지 않아도 되지만 불교가 쓰러져 가니까 불교를 다시 일으키기 위해서는 바로 내가 희생해야 되겠다는 생각으로 활동을 했던 것입니다. 솔직히 나는 괜찮지만 너희가 어리석으니 불법을 가르쳐야 되겠다는 생각이었던 것이지요. 나를 위해서가 아니라 불교를 위해서, 나를 위해서가 아니라 불쌍한 중생을 위해서 나는 정말 헌신적으로 일하고 있다는 생각을 저도 모르게 했던 것입니다.

그러니 올바로 포교 활동을 하지 않는 스님들에 대해 굉장한 분노와 원망이 가득했습니다. 내가 만약 그런 마음으로 머리를 깎았더라면 승려라는 또 하나의 상에 가리워 아마 평생 자신을 속이고 살게 되었을지도 모릅니다. 안내문을 돌리고 포교 활동을 한 행위, 그 자체가 잘못된 것이 아니라 내 속에 잠재되어 있는 남을 위해서 일한다는 내 삶의 허구성, 그 기만적인 모습이 잘못된 것임을 자각하지 못했을 테니까요.

물론 제 스승님은 저의 이런 위선적인 요소를 없애려고 수행을 통한 단련으로 많은 도움을 주셨지만, 진정 제가 얼마나 허구적이고 위선적이고 이율배반적인 삶을 살았는가에 대해서 백일천하에 드러내어 보여준 사람은 바로 그 불구자였습니다. 그 불구자는 누구였겠습니까? 바로 저에게는 보살님이었습니다. 제가 이 세상에 태어나서 만난 가장 큰 스승이셨지요.

그렇다고 이제까지 제 삶이 잘못되었고 의미없었다는 것은 아닙니다. 제가 안내문을 돌리지 않고 포교 활동을 열심히 하지 않았다면 어떻게 되었을까요? 일상에 젖어 생활하던 중에 그런 대화를 들었다면 '어느 미친 놈이 와서 이야기하나 보다.' 할 정도로 무심히 지나쳤을 것입니다. 하지만 이전의 적극적 활동이 있었기 때문에 그 사람과 만남으로 이제까지 포교 행위가 얼마나 자신을 속이는 위선적인 행위였나를 발견하게 된 계기였지요.

자기 가슴을 도려내는 지적도 수용하기

그럼 이제까지 포교 활동은 어떤 의미가 있을까요? 대중을 위해서나 불교를 위해서가 아니라 오늘 저를 있게 한 하나의 과정이었다고 볼 수 있습니다. 즉, 제 수행의 한 부분이었던 것입니다. 남을 위한 삶이 아니고 제 자신을 위한 삶의 일부분이었을 뿐입니다. 그런데도 저는 포교를 마치 남을 위하고 불교를 위한 활동이라고만 생각했기 때문에 불만이 많았던 것이지요.

그 이후 제가 변한 점은 첫째, 기존의 잘못된 불교에 대해 비판은 하지만, 스님에 대한 원망심은 더 이상 갖지 않게 되었습니다. 동시에 불교가 어떤 길로 가야 될 것인가 하는 대안 제시도 우리들의 문제임을 인식하게 되었습니다. 전에는 항상 계획서를 써서 총무원에도 제출하고 절에도 제출하여 그들을 설득하려고만 했습니다. 그러나 진리를 구하고자 하는 실천은 그것을 자각하고 체득하려는 사람이 하는 것이지, 따로 그것을 실천하는 사람이 정해져 있는 것은 아닙니다. 누구에게 책임이 따로 주어져 있는 것이 아니지요.

둘째, 자신이 가졌던 많은 편견을 버리고 새로운 시각으로 사물을 접하게 되었습니다. 그간 포교란 가르치는 것이라 여겨 왔기에 유능한 박사가 저술한 책이나 경전 해설서를 중심으로 설명했습니다. 또한 '나는 법사다.' 하는 아상을 갖고 남을 가르치기 위해서 경전을 보았습니다.

그러나 그 사건 이후로 예전에는 경을 읽으면서도 발견하지 못했던 가르침들이 마치 폭포수처럼 쏟아져 들어왔습니다. 그 후로 지식적인 내용 전달이 필요한 때를 제외하고는 전문 서적을 보지 않았으며, 법문 준비를 할 때도 다른 해설서 보다 그냥 경전만을 보았습니다. 그렇다고 제가 많이 알아 다른 책을 참조하지 않은 것이 아니라, 똑같은 책을 두고도 자신의 편견이 존재할 때는 책 속의 부처님 말씀이 본래대로 다가오지 않고 자신의 편견만큼 채색되어 다가온다는 것을 깨닫게 된 것이지요.

그 사건 이전에는, 〈금강경〉의 서두에 부처님이 손수 발우를 들고 제자들과 함께 성에 들어가면서 차례로 밥 빌기를 마치시고, 돌아와 대중들과 함께 밥을 잡수신 뒤 발 씻기를 마치고, 자리 펴고 앉으셔서 이야기를 하시는 평범한 생활의 한 모습과 그 때 수보리가 느닷없이 일어나 앉아서 '거룩하십니다. 세존이시여, 부처님께서는 현재와 미래의 많은 보살을 잘 두호하고 염려하십니다.' 라는 구절이 무엇을 말하려는 것인지 잘 몰랐고 그저 배경 설명 정도로만 알았습니다.

그러나 〈금강경〉의 백미는 뒷부분에 따로 명시되어 있는 것이 아니라 바로 부처님이 밥을 빌어드시는 그 일상 생활에 있었습니다.

부처님은 대중들로부터 어떠한 보시라도 응당히 받을 자격이 있으신 분이지만, 부처님의 소박한 삶의 모습을 보여줌으로써 후대 불교인들이 갖기 쉬운 부처에 대한 잘못된 인식을 불식하기 위함이었습니다. 〈금강경〉의 서두야말로 미래 보살들을 잘 두호하고 염려하시어 실천으로 보여주신 부처님 삶의 모습임을 깨닫게 된 것이지요. 또한 여타 많은 경전에서 상상을 초월할 만큼 우리들이 느끼고 되돌아보지 않으면 안 될 많고 귀중한 말씀들을 발견할 수 있었습니다.

그 이후 저는 불교와 불교 활동에 대해 바라보는 시각이 새로워졌습니다. 그리고 제가 얼마나 많은 편견이 있고, 그 편견이 얼마나 무서운 것인가를 자각했습니다.

헌신하는 삶 자체가 기쁨이다

우리는 진리를 추구한다면서, 항상 맹종하고 맹신하는 허상에 갇혀 삽니다. 〈삼국유사〉를 보더라도 왜 이런 기록이 나왔는지, 경전을 보더라도 보살이 어떻게 이 세상에 왔는지, 부처님이 전생에 보살로서 수행할 때의 그 행위 하나하나가 어떤 의미를 갖는 것인지를 다시 파악하게 되었지요. 그전에는 보살이 전생에 비둘기에게 몸을 준 보시 이야기, 황금 사슴이 다른 사람을 대신해서 죽으려고 했던 이야기, 빈자 일등의 이야기, 달마 대사가 양무제에게 '무(無)'라고 한 이야기, 그 외 선문답, 화두 등 모두 다른 분이 해석해 놓은 그대로 받아들였지 정확한 그 내면의 뜻을 이해하지 못했지요. 그러나 그 이후 어렴풋이 이해할 수가 있었습니다.

제가 뭘 설명해 주고자 어떤 이야기를 하더라도 편견을 갖고 있으면, 제 이야기 중 자신에게 유리한 것만 골라서 받아들이게 됩니다. 그러나 정말 중요한 것은 자기 가슴을 도려내고 자신을 부정하는 얘기를 받아들여야 발전할 수 있습니다. 보통 자기 가슴을 도려내고 자신을 부정하는 얘기를 들으면 받아들이기가 어렵습니다. 이와 달리 실제로 아무런 도움도 안 되는 자신의 삶에 대한 긍정적인 얘기만을 쉽게 받아들이지요.

독선과 아상투성이인 자신의 모습은 남을 괴롭히기 보다 자기 스스로를 속이는 결과를 낳음으로써, 바로 자신에게 가장 큰 피해를 줍니다. 따라서 우리가 진정으로 자신을 사랑하고 자신을 위한 수행의 길에 접어든다면 자기를 속이지 않으려고 노력해야 합니다. 자기를 속일 바에야 수행할 필요가 어디 있겠습니까? 잘못을 지적 받을 때 자기 변명에 급급해 하는 행위는 곧 자기를 기만하는 행위이며 자기 발전에 아무런 도움도 안 됩니다.

지금도 제 마음 한 구석에는 저를 끊임없이 방어하고 속이려는 유혹이 있음을 느끼지만, 그것이 저에게 얼마나 나쁜 영향을 미치는지도 자각하고 있습니다. 이렇게 끊임없이 자신을 돌이켜보고, 어떤 사람의 얘기라도 귀담아 들으려 하고, 우리들의 활동이 어느 누구를 위한 것이 아니라 바로 나의 발전과 바른 삶을 위한 것임을 알아야 합니다.

우리 중 헌신적으로 사회와 민중을 위해 일한다고 생각하는 사람들이 있을 것입니다. 그러나 섣불리 누구를 가르치겠다는 생각, 내가 뭘 해 주고 있다는 생각은 오류에 빠지기 쉽습니다.

저는 그렇게 헌신하는 삶 자체를 사랑해야 된다고 봅니다. 삶이 괴롭다는 것은 뭔가 유리되어 있기 때문입니다. 바른 길이라면 그 길이 삶에서 희열이어야 합니다. 제가 지금 하고자 한 이야기는 불교를 알고자 하거나 수행을 하겠다는 사람보다는 자신을 버리고 헌신적으로 살겠다는 결심을 한 사람들에게 더욱 절실하게 다가갈 것입니다.

학생 운동을 포기한 어느 후배 이야기

제 고향의 한 후배가 동국대학교 불교학과에 들어 왔습니다. 처음에는 불교 활동을 열심히 하더니 1학년 2학기부터는 놀기 좋아하는 학생으로 변했습니다.

그 후배는 불교학생회 출신이어서 불교 얘기로는 설득이 안 되겠다 싶어 당시 서울대학 김학준 교수의 저서인 〈러시아 혁명사〉 한 권을 주었습니다. 사회 과학 공부를 하라고 준 것이 아니라 역사의 발전, 진보를 위해서 사람들이 어떻게 살아갔는가를 주시하여 보고 감상문을 써내라고 하였지요. 그런데 책을 가져간 이후로 연락이 없었어요. 일 년이 더 지나 만났는데 열심히 학생 운동을 한다는 것입니다. 그래서 불교 활동을 다시 시작해 보라고 하니까 시시하다는 거예요.

저는 제가 하는 일을 도와 주었으면 하는 생각이었지만 후배 나름대로 열심히 하고 있고 제 일을 강요할 수도 없는 일이라 열심히 살라는 당부만 하고 다시 헤어졌지요. 어려운 일이 있으면 언제든지 상의하러 오라고 했는데, 그 후에 찾아온 후배의 말이 운동을 포기했다는 것이었지요. 활동을 그만 두게 된 이야기를 들어 보니, 활동하는 중에 같이 일하는 사람들과 부딪쳐 생긴 갈등을 극복하지 못하고 슬럼프에 빠진 것이었어요. 결국 시골 집에 내려갔지요. 서울에서 운동을 한다고 돌아다닐 때는 어머니가 얼마나 고생하는지 생각지도 않다가, 자신이 회의적인 기분에 빠져 집에 내려와서야 어머니 고생이 얼마나 심한 지를 보게 되었습니다.

사실 어머니 혼자 농사지어 자식 대학 뒷바라지를 하고 있었거든요. 동네 어른들도 한결같이 입을 모아, '어머니가 이렇게 고생하며 네 뒷바라지를 했으니 이제는 네가 어머니를 보살펴 드릴 때가 되지 않았느냐.'고 말하는 것입니다. 이 속에서 20여일 정도 지내다 보니 마음이 완전히 바뀌어 버린 거예요. 자신이 너무나 큰 불효를 저지르고 있었음을 깨닫고, 재수하는 동생과 고 3짜리 동생을 대학 보내기 위해 자기가 취직이라도 해서 돈을 벌어야겠다는 결심을 하게 되었답니다.

일반적으로 생각하면 이 후배의 결심이 얼마나 가상한 일입니까? 그러나 그 후배는 2, 3년 간 민중을 위해 운동한다고 활동했던 사람이었지요. 그래서 제가 이런 말을 했습니다.

"너는 이제까지 민중에 대해서 많은 이야기를 해 왔다. 그럼 이제껏 말해온 민중이란 누구를 지칭하는 것이냐. 정의 사회의 실현이란 것은 무엇이냐. 우리 사회에는 집안 형편이 어려워 대학에 진학하지 못하는 사람이 얼마나 많으냐. 이 때문에 너는, 대학에 못 가더라도 학벌에 관계없이 떳떳하게 자기가 일한 만큼 대가를 받을 수 있고 또한 자기 권리를 행사할 수 있는 사회를 만들고자 이제까지 운동을 한 것 아니냐.

그렇다면 네 동생이 대학 교육을 못 받았다는 이유 하나만으로 이 사회에서 차별받고 저임금에 시달릴 수밖에 없다면, 네가 취해야 할 올바른 자세란, 학벌은 낮아도 균등한 대우를 받을 수 있는 사회를 만들어 네 동생이 인간답게 떳떳이 살 수 있게 해야하지 않느냐. 네 가정의 어려움이나 네 동생이 대학에 못 가는 것이, 현재 네가 하고 있는 일에 활력소가 될 수 있는 것 아니냐. 그런데 네 결심은 오히려 우리 사회의 제 문제가 마치 대학에 가지 못함으로써 빚어진 것이라는 결론이 나오지 않느냐.

그렇게 생각한다면, 지금부터 네가 할 일은 우리 사회에 살면서 대학 못 가는 많은 이들에게 대학 보내기 운동을 해야 하는 것이지, 왜 독재를 부정하고 민주화 운동을 하느냐. 네가 얼마나 모순된 생각으로 이제껏 살아 왔는가를 스스로 돌아보아라."

우리 중에 더 나은 사회, 민중이 해방되는 사회, 여성이 해방되는 사회를 생각하고 활동하는 사람이 있다면 반드시 자신을 깊이 생각해 보아야 합니다. 제가 얘기한 후배의 경우처럼 모순된 사고 방식을 가져서는 안 됩니다. 따라서 보살은 끊임없이 자기를 돌아봐야 합니다.

바로 이 사회에는 내 가정의 궁핍함과 동생들 진학의 어려움이 있기 때문에, 바로 나와 같은 처지에 놓여 있는 사람이 떳떳하게 살 수 있는 사회를 건설하기 위해서 현재의 사회를 개선하려고 노력하는 것입니다. 가족적인 인간 관계와 사회를 개선하려는 실천적인 활동은 서로 배치되는 것이 아닙니다. 가족의 인간다운 삶을 보장해 줄 수 있는지 살펴보아야 합니다. 그렇지 못할 경우 가족을 위해서 사회를 변화해야 합니다. 변화를 향한 실질적인 활동에서 일시적인 여러 가지 이유로 가족과 단절하는 고통이 있을 수 있습니다. 그 고통이 오히려 자기의 한이 되고 힘이 되어 보살행의 더 큰 원동력이 되어야 합니다.

또한 일반 불자님의 경우, 그런 큰 뜻을 내든 안 내든 관계없이도 개인적인 단계에서는 우리들이 처한 현실에서 자기를 반성하고 자기를 버리는 행위가 필요하며 또한 객관적으로 더 나은 사회를 지향하기 위해서 나보다 어려운 사람들의 아픔을 생각하면서 살아가는 것이 필요합니다. 우리들이 갖고 있는 고민 중에서 상당 부분은 어떤 면에서 필요 없는 고민일 수 있습니다. 현재 자기 인생에서 추구하는 이기심들은, 우리들이 주체적인 인간이 되는 그 훌륭한 삶의 길에 오히려 장애가 됩니다.

우리 가운데 누구라도 자기를 버리고 이웃과 함께 하려는 마음을 낸다면 훨씬 더 큰 인생의 발돋움을 하게 됩니다. 이 말은 단순히 직장을 버리거나 가족을 버리라는 의미로 받아들여서는 안 됩니다. 어느 때 어느 곳에서든 우리 스스로 인간을 평등하게 보려는 눈이 필요합니다. 그리고 잘못된 점이 있다면—내 이익과 상관없이—시정되어야 옳다고 판단되는 일이라면 그 생각대로 노력해야 합니다. 그러나 항상 자기 감정과 이기심을 버리지 않으면 그 어떠한 곳에서든 효과적인 성과를 거두기란 어려운 것임을 잊지 말아야 하겠습니다.

4 극기와 창의력을 배양하는 길

마음과 육체는 따로 떨어져 있는 존재가 아니라서 마음만 따로 떼어 다스릴 수 없기에,
번뇌를 소멸하고 자기 마음을 다스리려면 육체를 조복받아야 합니다.
그렇지 않으면 마음을 자유자재로 할 수 없습니다.
육체는 어느 정도 자기 뜻대로 할 수 있지만 마음은 자기 뜻대로 하기가 무척 어렵습니다.
그러므로 육신을 단련하는 극기수행은 마음을 조복받는 하나의 과정입니다.

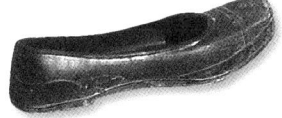

육체를 다스리는 법

극기에 있어 그릇된 관념들

　이제까지 마음 닦는 법에 대한 이야기였다면, 지금부터는 마음을 다스리는 것이 육체를 극복하는데 얼마나 큰 힘이 되는가, 어떻게 자기를 이겨낼 것이며, 그 능력을 키워 나갈 것인가에 대해 이야기 하겠습니다.

　일반적으로 사람들은 정신과 육체는 엄밀히 구분되는 별개의 것이라 보지요. 그리고 인간이란 서로 다른 두 가지가 하나로 합해져 있는 존재라고 생각합니다. 사람이 죽으면 육신에 있던 영혼이 떠나간다고 생각합니다.

　그러나 불교에서는 정신과 육체를 전혀 다른 별개의 것으로 보지 않습니다. 혹자는 '영혼이 떠나 버린 죽은 사람의 시신은 무엇입니까?' 하고 묻지만 죽은 사람의 시신은 물질이지 육체는 아닙니다. 따라서 시신을 길거리에 내버리든지, 화장을 하든지, 땅에 묻어주든지 사실 거기에 특별한 의미가 있는 것은 아닙니다. 정신 없는 육체란 단지 물질일 뿐, 사람의 한 부분이 될 수 없듯이 육신을 떠난 정신도 사람의 한 부분이 될 수 없습니다. 이렇게 정신과 육체가 구분될 수 있는 것이 아니기에 영혼이 육체를 떠났다가 다시 들어오는 일은 있을 수 없습니다.

단지 그것은 바깥으로 드러난 현상을 분류해서 정신과 육체를 구분지어 말할 뿐, 인간의 실체는 정신과 육체로 구분되는 것은 아닙니다. 그렇다면 정신과 육체를 분리하는 사고에는 어떤 위험이 있을까요? 아무리 도인이라 하더라도 밥을 안 먹거나 숨을 안 쉬고는 살 수가 없고 또한 육신이 없으면 사람이 살 수 없지요. 이런 생각이 비약되면 인간은 단지 물질적 존재에 불과하다는 쪽으로 기울게 됩니다. 또 거꾸로 고도의 정신 집중을 훈련받은 사람은 밥을 먹지 않아도 백일 동안 견딜 수 있고, 불에 들어가도 몸이 타지 않을 수 있다는 생각으로 비약되면 육신은 단지 영혼의 지배를 받는다거나 영혼만 간직하고 있으면 육신이 없더라도 살 수 있다는 극단적인 사고로 빠져들어갈 위험이 있습니다.

정신과 육체는 하나로 붙어 있어 종이의 앞뒤처럼 분리될 수가 없습니다.

마치 그것은 자석의 N극·S극과 같습니다. 막대 자석을 보면 한쪽은 N극이고 다른 한쪽은 S극입니다. 이 사실은 우리 눈에 드러난 현상입니다. 이 자석의 가운데를 자르면 각각의 도막은 자르기 전과 마찬가지로 양끝은 N극·S극이 됩니다. 자석의 어느 부분을 자르더라도 잘라진 자석의 토막 양끝은 각각 N과 S극이 됩니다.

이 사실에서 우리는 자석의 어디까지가 N극이고 어디까지가 S극인지 뚜렷하지 않다는 것을 알 수 있습니다. N극·S극과 같이 정신과 육체도 드러난 현상을 보고 구분지어 부르지만, 실제 내면에 별도로 정신과 육체가 존재하는 것은 아니라는 것이지요. 서로 이질적인 것이 결합하여 사람이 되는 것이 아니라 한 사람이 바깥에서 볼 때 둘로 표현될 뿐입니다. 마찬가지로 풍수지리설이 사람에 미치는 영향을 살펴봅시다.

사람은 어떤 지형에서 성장하는가에 따라 어느 정도 영향을 받습니다. 산천 경계와 사람의 성격과는 관련이 있지요. 가령 집 뒤는 막혀 있고 앞이 트여 있는 지역에서 자란 아이들은 비교적 진보적이고 진취적인 성향이 강합니다. 반면 앞뒤가 모두 막혀 있는 산간 지방에서 자란 아이들은 보수적 성향이 강하지요.

그러나 죽은 시신과 풍수지리설과는 아무런 관련이 없습니다. 시신을 어느 자리에 묻어야 좋을까 하여 명당 터를 찾아다니는 행위는 비불교적인 것이지요. 시신은 단지 물질에 불과합니다. 그것은 돌멩이를 어디에 묻을까를 생각하는 것과 같이 어리석은 일입니다.

본래 풍수지리설은 산세나 지세를 판단하여 인간의 길흉화복과 연결해 주는 과학적 이론입니다. 산의 어느 곳을 파면 물이 나오는지, 어느 곳을 파면 물이 나오지 않는지를 알 수 있으며, 겉으로 보아서는 바위가 많은 곳이지만 파 보면 흙이 나올 수도 있고, 흙이 많은 곳이라도 파 보면 바위가 많이 나올 수도 있지요. 그것은 지맥을 보고 알 수 있습니다.

이러한 과학적 성격을 띠었던 풍수지리설이 인간의 운명과 결부되어 설명되다 보니 후에 비과학적으로 전도된 부분이 많아졌습니다.

육체와 정신의 건강은 연관되어 있다

육체가 병들면 정신도 따라서 병듭니다. 육체가 병들었는 데 정신이 건강한 경우는 극히 드물지요. 하지만 정신이 아주 강인하면 육체가 병들어도 병에 끌려가지 않는 경우도 있습니다. 보통 인간은 육체가 병들면 정신까지 약해지기 마련이죠.

그러나 정신을 철저하게 단련하면 육체가 병들었다고 해서 정신까지 병드는 것을 막을 수 있습니다. 건전한 정신에서 건강한 육체가 나온다는 이야기도 되겠지요. 만약 정신과 육체가 분리되어 있다면 이런 연관은 일어나지 않을 것입니다.

우리들의 뇌는 산소 공급이 단 몇 분만 끊어져도 생명 유지에 막대한 지장을 초래합니다. 우리들의 정신은 뇌세포에 에너지가 공급되어야만 활동할 수 있기 때문입니다. 예를 들어 아무리 컴퓨터에 많은 자료가 기록되어 있더라도 전기 공급이 중단되면 컴퓨터 본래의 진가를 발휘하지 못하는 것과 같습니다.

그러나 평소 호흡을 잘 단련한 사람은 코로 숨을 쉬지 않아도 오랫동안 버틸 힘이 있습니다. 고도의 수행을 하면 일반 사람처럼 폐로 산소를 흡수하지 않아도 피부로 흡수되는 적은 양의 산소만으로 생명을 유지할 수 있을 만큼, 몸에서 사용되는 에너지를 최소화합니다. 우리가 가만히 누워 잠을 자더라도 내장이나 잠재 의식이 움직이려면 일정한 에너지가 필요하게 됩니다. 수행으로 마음을 집중하면 이러한 신체 유지에 필요한 에너지를 최소화할 수 있지요. 마치 개구리가 겨울 잠을 자듯 몸의 에너지 방출을 최소화함으로써 최소한의 산소량으로도 일정하게 버틸 수 있는 힘이 생깁니다.

단식의 경우를 보면 정신력 훈련이 안 된 사람은 강제로 20일을 굶으면 죽음에 이릅니다. 그러나 고도의 정신력 훈련을 한 사람은 80일, 100일을 굶어도 죽지 않습니다. 이렇게 정신과 육체는 상호 뗄래야 뗄 수 없는 밀접한 관계에 있습니다.

하지만 사람들은 왜 예로부터 정신과 육체를 분리해서 생각했을까요? 정신력이 강하면 육체로 지탱하기 어려운 일도 극복해 나갈 수 있었기 때문에 정신만을 지나치게 강조한 나머지 육체는 필요 없는 존재로 여긴 것이라 생각합니다. 반면, 육체 없이는 단 한시도 살 수 없기에 육체의 역할만 강조하여, 정신력을 과소 평가하게 된 것이지요. 이러한 일면적 사고에 치우치면 서로의 연관을 보지 못하고 분리해서 생각하기 쉽습니다.

오늘날 서양식 과학은 육체를 중심으로 물질적인 면을 중심에 두고 연구하는 학문입니다. 또 종교는 정신적인 면만을 분리시켜 다루고 있습니다. 둘은 모두 우리 몸의 일부분인데도 그 한 현상을 나누어 어느 한쪽만을 지나치게 강조해서 인간의 정상적인 발전이나 능력 개발을 저해한 측면도 많이 있지요.

정신 집중의 놀라운 위력

우리의 육체는 어느 정도 힘을 발휘할 수 있을까요?

일반 사람들은 자기 몸과 같은 무게의 물건을 들어올릴 수 없지만 역도 선수들은 자기 몸무게보다 세 배나 되는 무거운 역기를 들어올립니다. 그처럼 육체를 단련하면 평소 쓸 수 있는 힘의 최대한 3배까지는 발휘할 수 있습니다.

과학적으로 분석해 보면, 힘은 근육의 단면적에 비례하고 그 단면적 안에 들어 있는 근세포의 수에 비례합니다. 그래서 무게가 같은 사람이라도 근육질이 두 배로 많은 사람이 힘도 두 배로 더 쓸 수 있습니다.

또한 대뇌부에서 전달되어 오는 충격으로 근세포 힘이 세어지기도 합니다. 근세포 힘은 순간적인 신경 전달의 강도에 비례하는데, 위기에 처하게 되면 그 강도가 커져서 근세포가 받는 충격이 평소보다 월등히 커져 더 큰 힘을 발휘할 수 있습니다. 인간이 육체에 가할 수 있는 최고 강도는 보편적으로 가하는 힘의 10배라고 합니다. 평소 자신이 30kg밖에 못 들어도 온 신경이 일순간에 집중되면 300kg까지도 들 수 있다는 것입니다.

그래서 육체를 단련하는 것만으로는 한계가 있어 차츰 정신력 훈련에도 관심을 갖기 시작했습니다. 정신력 훈련이란 육체와는 전혀 상관없이 정신 집중만으로 에너지를 나오게 하는 것이 아니라, 자기가 힘을 쓰려고 마음을 먹었을 때 육신에 가해지는 충격의 강도를 높게 해 주는 훈련이기도 합니다.

실례를 하나 들어 봅시다. 경주에서 포항 쪽으로 가다 보면 안강이란 지역이 있습니다. 이 곳은 골짜기마다 박격 포탄이나 화약 종류를 만드는 공장이 세워져 있고 안전 장치로 주위에 철조망을 두 길 정도 높게 쳐 놓았습니다.

한 15년 전, 이 곳의 무기 공장에서 폭탄이 터진 사건이 발생했습니다. 폭탄이 터지자 공장 직원들은, 이 불이 옮겨 붙어 박격 폭탄이 터진다면 산골짜기 전체가 초토화 될 것이라고 판단한 나머지 그 높은 철조망을 일순간에 뛰어 넘어 갔다고 합니다. 그 중에서 어떤 사람은 한참 정신없이 도망을 가다 보니 어느 새 안강에서 몇십 리나 되는 영천 앞산까지 와 있더라는 것입니다. 대단한 기록이지요.

또 빨치산 수기인 〈남부군〉을 보면 항상 행동이 더딘 마씨라는 사람이 등장합니다. 하루는 토벌대를 습격하기 위해 잠복하고 있던 중 일시에 모두 흩어져 산으로 올라갔는데, 나중에 산꼭대기에 모여 인원 점검을 하니 전체 30명 중 마씨 한 사람만 보이지 않았습니다. 혹시 늦게라도 올라오지 않을까 해서 한참을 기다려 보았지만 종무소식이었지요.

할 수 없이 포기하고 모두 중간 사령부에 도착해 보니 마씨가 그 곳에 먼저 와 있더라는 것입니다. 평소에는 제일 행동이 느렸던 사람이지만 죽음이 경각에 이르자 어느 누구보다도 빨리 뛰어 두고두고 이야깃거리가 되었답니다.

두 예에서 볼 수 있듯이 자신도 모르게 순간적으로 정신 집중이 되면 누구든지 엄청난 힘을 발휘하게 됩니다. 이 힘은 기적에 의한 힘이 아니고 다급한 상황에서 나오는 능력입니다. 기적은 특별한 사람에게만 선천적으로 주어져서 나오는 것도 아니며 우연하게 생기는 것도 아닙니다. 그 힘은 반드시 그렇게 일어날 수밖에 없는 물리적인 법칙에 입각하고 있습니다.

초인적인 기적을 만드는 법칙

여기 못이 하나 있다고 생각해 봅시다. 이것을 공기 중에 방치해 두면 녹이 슬게 됩니다. 옛날 사람들은 '어찌 못이 저절로 녹이 슬겠는가. 분명 신이 있어서 녹슬게 했을 것이다.'라고 생각했겠지요. 하지만 오늘날에는 과학적으로 규명되어 못과 공기 중의 산소가 화학 반응을 일으켜 녹이 슨다고 생각합니다.

또 웅덩이에 물이 고여 있으면 처음에는 없던 온갖 벌레들이 생겨나지요? 예전에는 벌레가 저절로 생겼다고 여겼지만, 오늘날은 물 속의 미세한 생명체의 존재를 확인하고 그 미생물에서 온갖 벌레가 생겨난다는 것을 알고 있습니다.

오늘날 자연 현상뿐만 아니라, 인간들이 만들어 놓은 제반 현상도 원인 없이 저절로 이루어지는 것은 없습니다. 반드시 인연과라는 법칙으로 일어난 현상입니다. 어머니가 아들을 살리기 위해 달려오는 차를 밀어냈을 때 그 엄청난 힘은, 신이 준 것이 아니라 자식을 살리겠다는 어머니의 다급한 마음이 순간적으로 집중되어 본래 잠재되어 있던 힘이 초인간적인 위력으로 나타난 것입니다.

수행이란, 자기가 힘을 필요로 할 때마다 언제든지 쓸 수 있도록 일상화하는 것입니다.

일상화하는 데는 두 가지가 있습니다. 첫째는 성인이나 수행자들이 맑은 정신, 바른 가치관으로 우리가 보기엔 불가능한 듯 여겨지는 초인간적인 힘을 내보이는 경우입니다. 둘째는 자연적으로 얻어진 경우로, 평범한 인간의 본질적인 차원에서 보면 기형아에 속하지요. 우리들의 일반 행동은 육식이 잠재 의식을 지배하지만, 이 경우는 잠재 의식이 일상적으로 열려져 있는 상태입니다. 이들은 의식이 아닌 잠재 의식의 명령에 따라 힘이 나오므로 자기 최면에 쉽게 빠지며, 힘 또한 대단히 위력적입니다.

무당이 신들려 한 판 굿을 벌일 때면 48시간 내내라도 거뜬히 해냅니다. 본인도 얼마나 힘이 드는지 의식하지 못하며 그 동작 또한 최소한의 에너지로 행해지는 것이지요.

유도나 태권도를 한번 보세요. 몸집이 좋고 힘이 세다고 이길 수 있는 것이 아니라, 오히려 상대가 나에게 가하는 힘의 역학 관계를 이용해서 넘어뜨립니다. 지렛대의 원리도 마찬가지로, 아무리 무거운 물건도 힘의 역학 관계를 이용하면 들어올릴 수 있는 것입니다.

우리가 기적이라고 하는 현상들도 엄격하게 보면 그 현상 뒤에 감춰진 자기 운동의 법칙이 있고 그 법칙에 의지해 힘이 나오는 것임을 알 수 있습니다.

극기 훈련과 의식 개조는 동시에

부처님 가르침의 핵심은 근원적으로 번뇌를 소멸하는 데 있습니다.

그러나 마음과 육체는 따로 떨어져 있는 존재가 아니라서 마음만 따로 떼어 다스릴 수 없기에, 번뇌를 소멸하고 자기 마음을 다스리려면 육체를 조복받아야 합니다. 그렇지 않으면 마음을 자유자재로 할 수 없습니다. 육체는 어느 정도 자기 뜻대로 할 수 있지만 마음은 자기 뜻대로 하기가 무척 어렵습니다. 그러므로 육신을 단련하는 극기 수행은 마음을 조복받는 하나의 과정입니다.

만약 마음과는 상관없이 육체만 단련한다면 그것은 수행이 아니라 운동(스포츠)입니다. 수행의 핵심은 마음을 단련하는 데 있으며, 마음을 단련하는 한 방법으로 육체를 단련하여 자기 뜻대로 움직일 수 있어야 합니다. 육체를 조복받기 위해 인간이 육체를 어느 정도 제어하고 통제해 낼 수 있는지, 어느 정도로 힘을 낼 수 있는지를 과학적으로 살펴보겠습니다.

오늘날 질병 치료법을 보면 쉽게 알 수 있지요. 흔히 수술 요법이나 약물 치료로 하기도 하고, 병균의 침입에 대해 몸 자체의 면역성을 증가시켜 주는 방법으로도 합니다. 보통 서구 의학에서는 약물에 의존하여 병에 대한 저항력을 도와 주고, 동양 의학에서는 침이나 뜸에 의존하여 병에 대한 저항력을 도와 줍니다.

예를 들어 우리 몸에 뜸을 뜨면 신경이 자극을 받아 백혈구 생성률이 높아집니다. 뜸을 뜬 후 30분 정도 지나면 평소 보다 5배에서 10배 정도로 그 양이 늘어남을 알 수 있지요.

또 수술시 환자가 통증을 느끼지 못하도록 투여하거나, 신경 세포가 움직이는 부분을 찾아내어 전체 신경 세포를 간단하게 마비시키는 침술도 있습니다. 우리가 보기에는 기적이라고 생각되지만 신체 법칙만 바로 안다면 기이할 것도 없습니다.

수행한다는 것은 무엇입니까? 바로 그 법칙을 발견해서 법칙에 따라 내가 해야 할 바를 충족시켜 나가는 것입니다.

　　마음 수행이란, 사람의 마음이 어떻게 형성되고 움직이고 반응하는 지를 파악하는 것으로써 나의 성격을 고치고 사람 관계를 부드럽게 하는 것이지요. 육체에 대해서도 마찬가집니다.

　　부처님께서는 "불제자가 믿어야 할 것은 부처가 아니라 법이다."라고 하셨습니다. 불교 신자가 깨닫는 것은 부처님을 깨닫는 것이 아니라 법을 깨닫는 것이라는 의미지요. 법을 완전히 깨달아 자유자재로 활용할 수 있는 사람이 되면, 세계의 모든 것에서 자유로워지므로 그런 사람을 부처라고 부르지요. 불교는 어떤 신적인 존재를 믿는 종교가 아니고 이 우주에 내재해 있는 법칙을 발견하고 깨달아 그 법칙에 의거해서 내가 이 세계에서 자유로워지는 방법을 가르치는 것입니다. 〈법화경〉에 이런 말씀이 있습니다.

　　"내가 이 세상에 온 이유는 너희 일체 중생을 다 나와 같게 하기 위함이다."

　　우리들도 부처님의 성실한 종이 되거나 충실한 제자가 되는 것에 머무르지 말고 부처님과 같이 자유로운 사람이 되어야 합니다.

현대 질병과 의식 개조의 함수 관계

화학 반응에서 촉매 역할을 보면 촉매제 자체는 화학 변화와는 상관없이 그저 반응 속도를 빠르게 하기도 하고(전촉매) 늦추기도 합니다.(역촉매) 우리 몸에도 촉매처럼 신진 대사 활동을 빠르게 하는 물질과 늦추는 물질이 있습니다.

우리가 순간적으로 화를 내면 역촉매가 발산하여 전반적으로 신진 대사가 정지됩니다. 기름을 태울 때 충분한 산소 공급이 안 되면 그을음이 생기고 독소가 발생하듯이, 신진 대사가 정상적으로 이뤄지지 못하면 몸에 독소가 생기고 힘도 제대로 나지 않습니다. 마찬가지로 식사를 한 후 정신적으로 충격을 받으면 소화액 분비가 중지되어 소화 장애를 일으킵니다.

반대로 기분이 좋으면 신진 대사를 원활하게 하는 소량의 분비물이 기하급수적으로 증가하면서 독소가 발생하지 않을 뿐만 아니라 독소를 제거하는 역할까지 한다고 합니다. 특히 최근에 발표된 것을 보면, 뭔가 풀리지 않아 답답한 상태에 있다가 어떤 계기로 문제가 해결되어 기분이 좋아지면 그 순간에 세균을 죽일 수 있는 세포의 수가 무려 10배 가까이 증가된다고 합니다.

동양에서는 예전부터 마음을 비우는 수행이 건강에 영향을 미친다는 점을 강조해 왔기 때문에 몸이 아프다고 하면 수행을 잘못했다는 말을 하기도 합니다. 그래서 암이 발생하는 경우를 보면 발암 물질의 섭취가 육체에 물질적 자극을 주어 발병의 원인이 되기도

하고, 분통터지는 일이 생길 때마다 바깥으로 표현하지 않고 속으로 삭힘으로써 육체에 주는 정신적 자극이 발병의 원인이 되기도 합니다. 신체 조직의 정상적인 세포 일부가 이러한 자극을 받아 돌연변이로 변한 것을 암세포라 하고 이 세포가 무질서하게 증식해 가는 병이 암입니다.

이 암은 바깥에서 받은 자극이 심한데도 내색하지 않는 사람일수록 심리적인 충격이 적체되어 발병률 또한 높습니다. 보통 암 치료는 수술을 통해 암이 발생한 부위를 제거하지만, 주위 조직이나 멀리 있는 장기까지도 쉽게 이전하기 때문에 재발의 가능성이 높은 병입니다.

전문 병원에서 사용하는 레이저 광선은 암세포를 죽이는 것이 아니라 더 이상 성장하지 못하도록 억제하는 것에 불과합니다. 게다가 레이저 광선을 쬐면 그 부위 암세포뿐만 아니라 부근의 다른 세포도 발육이 정지되어 기형이 되기 쉽습니다.

병의 치료는 마음이 하는 경우도 있습니다.

다시 말해서 우리들의 정신력이 할 수 있는 것이지요. 의식으로는 믿는다 해도 잠재 의식에서는 의심하기 때문에 진정한 힘이 나오지 않지만 집착에서 벗어나면 즉, 아상을 비우고 의식이 쉬고 있는 상태일 때 우리들의 의지 표현은 강해집니다. 이러한 힘으로 병이 낫는 경우를 예로 들어보겠습니다.

어떤 사업가가 몸에 병이 생겨 진찰을 해 보니 벌써 암이 말기 증상으로 나타나 4~6개월 후면 죽는다는 진단이 나왔습니다. 어려서부터 이 사람은 어려운 환경에서 자랐기에 사업을 하면서도 돈을 벌면 어려운 처지에 있는 사람들을 돕겠다는 생각을 늘 하고 있었습니다. 하지만 돈을 벌면 벌수록 부족함이 커지기 때문에 사업 자체에만 몰두하다가 병이 생긴 것이지요.

　자신의 죽음이 코앞에 닥치자 이제껏 모아 놓은 돈도 아무런 의미가 없어져서 원래 자신의 꿈이었던 자선 사업을 하기로 결심했습니다. 그래서 총 재산을 6개월 분으로 고루 나누어 매일 어려운 사람을 위해 아낌없이 썼습니다. 다른 사람을 도와 주면 병이 낫겠지 하는 마음으로 돈을 쓴 것이 아니라 죽음을 준비하면서 그냥 돈을 썼던 것입니다. 그렇게 6개월이 지났는데도 몸에 아무런 이상이 발견되지 않아, 다시 진찰한 결과 암의 증상이 사라졌다는 것을 알게 되었습니다. 살아 오면서 돈을 벌겠다고 응어리진 집착이 완전히 풀어지자 그에 따라 암세포도 풀려 버린 것이지요. 이처럼 우리들의 마음은 암세포를 생성할 수도 있고 파괴할 수도 있는데 이것이 바로 정신력이 갖는 힘입니다.

　정신적 갈등은 바로 육체적인 병으로 직결됩니다. 육체적으로 건강할 때 정신 건강 또한 좋습니다. 따라서 우리는 정신적 갈등이 있는 경우 수행을 통해서 해소하며 그럴 때 몸도 좋아지고 더 나아가 정신 건강을 유지할 수 있는 큰 힘이 생깁니다.

　육체가 마음에, 또는 마음이 육체에 한번 나쁜 방향으로 영향을 주면 계속 그 방향으로 양자가 연관 관계를 맺으며 발전해 나 갑니다.

아직도 다리가 아픈가

우리들 마음 씀씀이가 육체에 어떤 영향을 주는 지에 대해서 한번 살펴봅시다. 경허 스님이 만공 스님과 다니실 때, 이 이치를 깨닫게 해 준 재미있는 일화가 있습니다.

제자 만공과 함께 동네로 탁발을 나갔을 때 생긴 일입니다. 경허 스님은 앞에서 목탁을 치며 염불하고, 만공 스님은 뒤따라 다니며 시주물을 짊어지고 하루종일 다녔지요. 저녁이 되어 절로 되돌아갈 무렵에는 몸이 지칠 대로 지친 상태였습니다.

만공 스님이 "스님, 이대로는 도저히 한 발도 걸을 수 없습니다. 좀 쉬었다 갑시다."고 하자 "그래, 조금만 더 가다 쉬지." 하시더니 경허 스님은 갑자기 동네 아낙네들이 모여 있는 우물가로 가서는 어느 여인과 입을 맞추는 것입니다. 이 광경을 본 동네 사람들이 낫을 휘두르며 달려들었으니 죽을 힘을 다하며 도망을 갈 수밖에 없었지요. 고갯마루에 이르러 경허 스님이 헐레벌떡 뛰어오는 만공을 보고 물었습니다.

"다리가 아직도 아픈가?"

우리의 정신력이란 것이 육체에 어떠한 영향을 주는 지를 보여주는 좋은 예이지요.

타의로 형성된 정신력은 힘이 나오기는 하지만, 이러한 비주체적인 긴장감은 신진 대사가 멈추거나 병을 유발하는 부작용을 초래합니다. 따라서 우리는 자연스런 가운데 긴장감 즉, 자의에 의한 주체적인 긴장감이라고 할 수 있는 수행을 통하여 실질적인 힘을 발휘할 수 있어야 합니다.

글쓰는 작업도 주체적인 긴장감을 갖고 일할 때와 풀어진 마음으로 일할 때는 능률면에서 큰 차이가 있습니다. 어떤 사건이 생겨서 갇혀 있는 상태에서 구원을 요청할 때에나, 주위 사람들의 죽음을 보거나 다친 것을 보고 흥분되고 원통한 마음에서 자신의 의사를 신속하게 밝히는 글을 쓸 때는 짧은 시간에도 좋은 글이 나오게 됩니다.

그러나 편안한 조건에서 단순히 글을 써야겠다는 마음일 때는 아무리 많은 시간이 주어져도 마음이 풀어진 상태이므로 좋은 글이 나오지 않아요. 마치 어떠한 것을 꺾으려고 할 때도 순간적으로 힘을 집중하면 효과가 있지만 힘을 약하게 하면 오랜 시간 가해도 그 효과가 적은 것처럼, 우리들이 일을 할 때도 얼마나 정신 집중이 되느냐에 따라 일의 능률이 달라지는 것입니다.

삶의 핵심은 주체성에 있다

자기 몰두에서 창의력이

우리들이 지금 일하는 능력의 정도는 육체가 갖고 있는 힘에 불과합니다. 육체에만 의존할 때 가장 큰 문제는 창조력의 부족입니다. 또 다른 문제는 일의 성과와 능률이 제대로 나오지 못한다는 것입니다.

이런 면에서 극기라는 것은 단순히 고통을 참는다는 의미로 쓰여지는 것이 아닙니다. 하고자 하는 일을 절실한 자기 문제로 받아들여 설사 어려움에 처하더라도 생사의 기로에 선 것과 같은 임전태세로 몰두할 수 있어야 한다는 것입니다. 우리가 다급한 순간에 놓이면 긴장이 고도로 강화되어 뇌세포의 활동이 평소보다 10배 이상으로 활발해져서 창조력이 커지고 머리 회전도 빨라진다고 합니다.

　천재라 하더라도 현재 우리가 갖고 있는 총 기억 용량의 1/10 정도밖에 활용하지 못합니다. 그러므로 둔재도 뇌세포를 가능한 많이 가동하도록 훈련하면 비교가 안 될 만큼 머리가 더 좋아질 수도 있습니다. 하지만 이 훈련에는 어려움을 참을 수 있는 끈기와 마음의 집중, 몰두가 필요합니다. 창조력 역시 자기 몰두에서 나오는 것이니까요.

　선에서 화두의 의미도 마찬가지입니다. '이뭐꼬'라는 의심 덩어리에 마음을 하나로 집중하여 에너지를 가득 충전하는 것입니다. 고무 풍선에 바람을 가득 불어넣은 상태에서는 바늘로 조금만 건드려도 터져 버리는 것처럼, 화두에 에너지가 가득 차 있는 상태에서는 조그만 계기가 주어져도 터져 버리게 됩니다. 고무 풍선의 터짐은 깨달음이며 깨달음은 창조력입니다.

　우리가 한 생각으로 집중되어 있으면 세포의 전반적인 기능이 계속 살아나 활동 범위가 넓어져서 그만큼 시계가 밝아집니다. 이 때는 어떤 일이 일어나도 감정에 치우침 없이 이성적인 자세가 갖춰질 뿐만 아니라 더 효과적이고 합리적인 방법이 찾아집니다. 그래서 수행은 스스로 체득해야만 하는 것입니다.

　선과 요가의 차이는 다음과 같습니다.

　요가는 육체 단련이 중심되어 육체를 극기하는 데에 필요한 정신을 잡아당기는 것이고, 선은 정신이 중심되어 정신 집중을 지탱해 나갈 만큼 육체의 극기력을 기르는 방법으로 그 주객이 바뀌는 셈입니다.

부처님은 수행자로서 주의해야 할 두 가지 극단을 제시하셨습니다. 그 하나는 스스로 고행 그 자체를 목적으로 삼아 육체를 괴롭히는 것입니다. 반면에 육체의 요구대로 따라가는 마음으로는 자기 마음을 조복받을 수 없기 때문에 극단적인 고행과 함께 쾌락의 길도 금하셨습니다. 따라서 우리는 육체를 어느 정도 통제할 수 있는 상태까지는 극기해야 합니다.

극기를 통해 자기 확신을 갖기

절을 할 때, 삼천 배를 목표로 잡고 시작하면 이천오백 배쯤 되어 고비가 오고, 천 배를 계획으로 잡고 시작하면 칠백 배쯤 되어 고비가 옵니다. 목표가 삼천 배였을 때 처음 천 배는 수월하지만 천 배를 목표로 했을 때는 같은 천 배이지만 더 힘듭니다. 즉, 처음 출발할 때의 마음가짐에 따라 달라지는 것이지요. 천 배를 하더라도 아예 삼천 배를 할 작정으로 시작한다면 천 배는 쉽게 할 수 있습니다.

그러나 천 배를 목표에 두면 마음 속으로 삼천 배를 하겠다고 다짐했어도 칠백 배쯤 되면 꾀가 생깁니다. 이는 의식과 잠재 의식의 차이에서 비롯됩니다.

잠재 의식으로 그 목표를 받아들일 때 극기할 수 있는 힘이 생길 수 있습니다. 이러한 상태일 때 육체적인 극기를 해 나갈 수 있고 극기를 통해서 확인되어야 육체를 내가 조절할 수 있다는 것에 대한 자기 확신이 섭니다. 육체 자체를 단련하는 것이 중요한 목표가 아니고 위급한 순간이나, 필요가 생길 때 내가 내 몸을 조절하고 감당할 수 있다는 확신이 들게 되지요.

또 등산을 할 때도 체력의 한계를 느낄 때가 있을 것입니다. 처음 얼마 동안은 내 체력만으로도 거뜬히 올라갈 수 있지만 중턱 정도 올라가다 보면 몸에 한계가 옵니다. 이 때 일종의 자기 최면을 걸어 자기를 다잡아야 잘 올라갈 수 있지요. 그러면 4, 5부에서 7, 8부 능선까지는 힘들게 올라가다 정상에 가까워질수록 더 쉬워집니다.

이렇게 마음이란 자기가 다잡기 나름입니다.

내 체력으로는 정상에 오르기 어렵겠다는 판단이 서면 몸과 마음을 분리시켜 버리세요. 마치 짐을 실은 소를 회초리로 때리며 몰고 올라가듯이 자신의 몸을 소처럼, 남의 육신처럼 생각하십시오. 마음은 가만히 놔두고 그냥 '가자' 며 계속 몸을 몰고 올라갑니다. 사실 '못 올라가겠다.' 는 생각이 못 올라가게 하는 것이지, '어차피 올라가야 할 길이고 도중에 멈출 수도 없으니 올라가자.' 고 자기 내면을 정리하고 출발하면 산에 오르기가 훨씬 쉽습니다.

이렇게 극기로 자신을 통제해 보면 새로운 자신감과 용기가 생깁니다. 평소에는 가능한 시비를 안 하려 하다가도 중요한 일에 부딪쳤을 때 '내가 해야 되겠다.'는 생각을 갖고 하려고만 하면 온 몸에서 솟아나는 큰 힘으로 밀어붙일 수가 있습니다.

대부분 우리는 평소에는 용기가 있는 척하다가도 진작 해야 할 일에는 뒤로 물러서는 경우가 많지요. 이것은 자신의 육체나 마음에 대해서는 극기력이 없기 때문입니다. 따라서 정신력을 키우기 위한 훈련이 필요합니다. 등산을 할 경우에도 충분한 예정 날짜를 잡아서 여유 있게 오를 것이 아니라 팀을 짜서 도저히 못 오를 코스로 촉박하게 날짜를 잡아 오를 때에야 극기가 됩니다. 절을 할 때도, 하루에 만 배를 한다든지 6시간에 삼천 배를 한다든지 해서 쉽지 않은 일에 도전을 해보는 것이 극기입니다.

삶의 핵심은 스스로 주인으로서 발돋움을 해 나가는 과정, 일종의 주체성에 있다고 하겠습니다. 남편이나 자식을 위해서 뒷바라지를 해 온 부인들의 생활은 '나를 잊고 살았으니 아상을 버린 삶이 아닌가.'라고 생각할 수 있지만 실제로는 생활에서 자기 주체를 상실한 채 살아가는 경우가 많습니다.

자기 주체가 명확하게 설 때 비로소 남편과 자식을 진정으로 사랑할 수 있으며, 삶의 주체가 분명할수록 아상을 버릴 수 있는 것입니다.

자신이 정말 아끼고 사랑해야 할 것이 어떤 것인가를 조용히 생각해 보십시오. 대부분 가장 소중한 가치를 망각하고 살기 때문에 항상 후회가 많은 것입니다. 좋아했던 마음이 일정한 시간이 지나면 후회로 바뀌어 지속되지 못하는 까닭도, 좋고 싫은 것까지 나를 상실하는 데서 비롯되는 문제이기 때문입니다.

　　육체의 상실이 아니라 바로 내 주체성의 상실인 것이지요. 열등감이나 자기 과시의 마음도 모두 자기 상실이라는 공통된 원인을 갖는 심리 현상입니다. 내 생각에 맞추어 일정하게 육체를 조절할 수 있도록 할 뿐 아니라 육체에 대해 주인으로서 자기 위치를 분명하게 회복하는 것이 중요합니다.

자기혁명과
사회개혁의 불이(不二)

지금도 지옥에서 고통받고 있는 사람, 다른 사람이나 스스로 마음을 잘못 써서 생긴 문제이든 관계없이 고통받고 있는 사람들에 대한 너무나 큰 아픔이 곧 보살심의 출발입니다. 그러므로 그 아픔을 치료하고 정토사회를 건설하기 위해서는 삼천대천세계의 겨자씨 만한 땅도 자신의 피와 땀으로 이루어지지 않은 것이 없을 정도로 투철한 수행을 해 나가야 합니다.

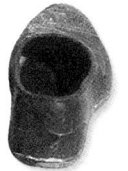

보살행의 동력은 삶의 고통에서

보살행의 원천은 무엇인가

　가족의 생계 유지에 빠듯하고 여유 없는 생활을 하면서도 다른 사람의 고통을 자기 고통으로 받아들여 그 어려움을 해결하기 위해 온정을 베푸는 사람들이 우리 사회에는 의외로 많습니다. 그럼 이 사람들의 힘이 도대체 어디에서 생겨나며, 우리들은 그들이 가는 길을 따르고자 얼마나 노력하고 있는가, 또 과연 그렇게 할 수 있을 것인가를 이제부터 하나씩 살펴보겠습니다.

　지금까지는 세상이 어떻게 변화하든지 혹은 나와 관계 맺고 있는 다른 사람의 사고와 행동이 어떤지와는 전혀 상관없이 일단 자기 자신에게 일어나는 괴로움을 해결하는 길에 대해서 이야기했습니다. 즉, 현재 느끼는 고통에서 빨리 벗어날 수 있는 길은 무엇인가? 그것은 보상 심리의 극복, 이기심과 아상의 극복, 잘못된 성격 개조 등이었습니다.

그 중 두 번째 장의 핵심은 이기심과 아상을 버리고 다른 사람을 이롭게 하는 행위야말로 자신에게 최고의 행복을 가져다 주는 지름길이라는 내용이었습니다. 또 특별한 이상을 갖고 있는 사람만 다른 사람을 이롭게 할 수 있는 것이 아니라, 보편적으로 자신을 가장 이롭고 행복하게 하고자 하는 사람이라면 바로 그것의 달성을 위해 자신을 버리고 다른 사람을 이롭게 하는 행위로 나선다고 얘기했지요. 이처럼 다른 사람을 이롭게 하는 사람이 바로 보살입니다. 그래서 고통받는 중생이 자신을 가장 행복하게 하는 길은 역설적으로 들릴 지 모르지만 다름아닌 보살의 삶인 것입니다.

이제 내 자신을 이롭게 한다는 차원에서 한발 더 나아가, 나와 다른 사람을 함께 생각하며 더불어 행복할 수 있는 사회적인 실천 문제까지 생각해 볼까요? 나를 이롭게 하는 길이 다른 사람을 이롭게 하는 길이라는 사실을 알았다고 해서 과연 그 앎이 곧 실천으로 연결되고 이타행을 계속하게 할 수 있을까요? 책을 읽거나 논리적인 사고를 통해 '우리 민족이 어려운 처지에 있으니 민족을 위해서 내가 일해야지.' '우리 농민과 노동자의 권익을 옹호하기 위해서 일해야지.' '오늘날 불교가 부처님 근본 가르침에서 멀어져 가고 있으니 불교의 올바른 방향을 위해서 몸을 바쳐야지.' 등등의 결심을 했다고 해서, 과연 우리들의 이타행이 마치 내 이익을 위하듯 그렇게 일관성 있고 적극적인 지속성을 견지해 나갈 수 있을까요?

　　나를 이롭게 하는 길이 다른 사람을 이롭게 하는 길이라는 사실을 안다고 해서 쉽게 이행되는 것이 아니며 혹 행동으로 옮겼다 하더라도 어느 새 금방 원점으로 되돌아가 있기 쉽습니다. 또 남에게 그러한 생활을 강력하게 주장하면서도 자신은 회의에 빠져 뒤로 물러서고, 결국은 그 삶 자체를 방기해 버립니다. 이러한 양상은 다른 사람을 위해서 살아가는 삶이 자신에게도 이롭다는 사실을 머리로만 이해했을 뿐 명확하게 체득하지 못했기 때문에 나타납니다. 그러면, 어떻게 해야 이것이 체득되며, 자기보다는 이웃, 이웃보다는 국가를 위해 좀 더 폭넓게 이타 행위의 무한한 동력이 생길 수 있을까요?

　　바른 사회 건설을 위해 한번 품은 뜻을 지속적으로 견지해 나갈 수 있는 힘의 원천은 어디에서 비롯될까요? 일상적으로 일컫는 보살의 끊임없는 보살행, 이 보살행을 가능하게 하는 힘의 원천은 또 어디에서 비롯되었을까요? 지장 보살이 고통받는 지옥 중생을 구제하기 위해 한 생만이 아니라 세세생생 지옥에서 살고자 세운 서원의 힘은 어디서 나오는 것일까요? 더 나은 사회를 위하여 즉, 중생 구제를 위하여 역사에서 헌신하다 아침 이슬처럼 이름도 남기지 않고 사라져 간 수많은 보살들의 힘의 원천은 과연 무엇일까요?

중생은 복수심으로, 보살은 서원으로

　　보살행을 가능케 하는 근원적인 힘은 아주 소박한 곳에서 나옵니다. 우리들의 번뇌가 고통에서 나오듯 보살행도 고통에서 시작됩니다. 도저히 못 견딜 정도의 쓰라린 고통이기에 그것에서 벗어나야 되겠다는 강력한 욕구가 바로 보살행의 출발점입니다. 보살행의 원천은 책에 있는 것도, 부처님의 가르침에 있는 것도 아닙니다. 현재 우리들의 적나라한 삶의 모습, 다시 말해서 그 삶에서 겪는 무한한 고통이야말로 보살행의 동력인 것입니다.

　　한편, 고통은 우리에게 한(恨)을 줍니다. 특히 그 고통이 타의로 생긴 것이라면 가슴에 응어리져 남아 있게 마련입니다. 이 한(恨)은 부처님께서 수행이나 보살행에 방해가 된다고 말씀하신 분노와 진심, 개인적인 복수심이 될 수도 있고 거꾸로 이 한이야말로 보살행의 큰 원동력이 될 수도 있습니다. 곧 한이 우리 중생에게는 개인적인 복수심으로 전환되고 보살에게는 서원으로 전환된다는 것입니다.

　　그러면 무엇 때문에 똑같은 원인이 두 갈래로 나뉘어질까요?
　　자신이 아픔을 겪으면서, 그 아픔에서 혼자만 빠져 나가려고 하거나 혼자만의 문제로 여겨 해결하려고 하고 또는 그 아픔을 오히려 타인에게 전가하려는 마음일 때는 한이 복수심으로 전환합니다.
　　그러나 자신이 아픔을 겪으면서 이제까지 자신이 생각하지 못했던 수많은 사람들의 아픔을 돌이켜 생각하고 이제 다시는 이런 아픔이 없는 사회를 만들겠다는 마음을 낼 때는 한이 서원으로 변화됩니다. 자기가 겪는 고통에서 어서 빨리 벗어나고 싶은 욕구에만 빠져 있는 것이 중생의 모습입니다. 반면 자기가 겪는 고통에서 나와 같은 고통으로 아파하는 다른 사람이 이 세상에는 수없이 많다는 것을 처절하게 느끼고 자기 아픔을 해결하려는 바람 이상으로 타인의 고통도 해결하려는 의지를 갖게 될 때는 서원으로 전환되는 것이지요.

따라서 아픔의 극복을 개인적인 한으로 끝내지 않고, 한(恨)의 사회화(社會化)로 승화하는 그 밑바탕은 바로 더 아픈 사람의 처지에 서서 그들과 함께 해결하려는 마음 즉, 보살의 서원인 것입니다.

타인의 고통을 나의 아픔으로

관세음 보살님은 대자대비(大慈大悲) 구고구난(救苦救難)의 큰 서원을 가지고 계신 중생의 어머니로서 어떤 중생이라도 답답하거나 아픔을 겪을 때, 이 보살님을 부르면 언제 어디서라도 기꺼이 찾아와 어루만지시며 그 편에 서 주십니다. 이런 관세음 보살님의 전생을 보면 아주 비극적인 삶에서 출발합니다. 몇 가지 연원 중에서 한 가지 설을 소개해 보겠습니다.

옛날 어떤 고장에 나이 어린 두 형제가 살고 있었습니다. 이들은 어머니를 일찍이 여의고 계모와 함께 살고 있었는데 이 계모에게도 자식이 둘 딸려 있었지요. 자식들이 성장함에 따라 계모는 재산에 대한 욕심으로 전처의 자식인 두형제를 구박합니다.

그러던 어느 날 아버지가 먼 장사 길을 떠나게 됩니다. 그 때를 이용하여 계모는 어린 두형제를 무인도로 보내 굶어 죽게 하지요. 그 곳에서 형은 죽고 동생은 살아 남아 죽어간 형을 보면서 어머니로부터 버림받은 아픔과 서러움으로 솟구치는 눈물을 삭이며 다음과 같은 발원을 합니다.

'이 세상에 나와 같이 고통받는 사람이 얼마나 많겠느냐. 내가 고통을 받아 보고 원한에 사무쳐 보니 다시는 이 세상에 나와 같은 아픔을 겪는 사람이 있어서는 안 되겠다.' 는 간절한 서원을 발하며 굶어 죽었습니다. 이후 수많은 생을 거쳐 자기 희생과 봉사의 보살행을 거듭한 끝에 지금의 관세음 보살이 되었다는 설화입니다.

지장 보살도 마찬가집니다.

자신이 사랑하는 어머니가 생전에 그릇된 소견에 빠져 올바른 길을 가지 않고 잘못된 인생을 살다 죽은 뒤에 지옥의 죄과를 받게 됩니다. 어머니가 지옥에서 고통받고 있음을 모를 때는 지옥에 대해 별 관심이 없었지만, 그것을 안 후에는 얼마나 마음이 아프고 가슴이 찢어졌을까요? 그래서 누구도 가기 싫어하는 지옥에 가서 어머니를 구하고, 그 뿐만 아니라 지옥에서 함께 고통받고 있는 다른 사람들까지 모두 구원하고자 합니다.

고통받는 어머니의 모습에서 느꼈던, 가슴이 찢어지는 듯한 그 아픔을 돌이켜 생각하여 그 고통을 직접 받고 있는 다른 지옥 중생들도 자신의 어머니와 같이 여기며 그들이 겪는 고통을 함께 아파하며 괴로워하는 것이지요. 오늘도 지장 보살이 지옥 문전에서 눈물을 흘리며 계속 머무르고 있는 힘의 원천은 바로 여기에 있습니다. 다른 사람이 겪는 고통을 마치 자신이 겪는 고통과 똑같이 느끼는 것에서 보살행은 시작되는 것입니다.

중생은 구제의 대상이 아니다

보살행의 힘은 이성적이고 논리적인 말이나 글에서 나오는 것이 아니기에 어느 정도 이기심은 버릴 수 있지만 보살행 속에서도 아상이라는 것은 쉽게 버려지지 않습니다. 우리가 다른 사람을 도와 준다고 할 때, 상대가 느끼는 아픔을 자신의 아픔처럼 느끼며 상대의 편에 서서 도와 주는 것이 아니라 보통의 경우 자기 생각에 맞추어 행동하기 쉽습니다.

즉, 중생은 자기 중심에 집착하여 자기 생각대로 상대를 불쌍히 여깁니다. 그러므로 상대방은 자신에게 단순한 구제 대상으로 전락해 버리기도 합니다.

오늘날 민중에 대해서도 마찬가집니다. 민중이 스스로 역사의 주체, 사회의 주체로 등장하도록 우리가 어떻게 그 아픔을 함께 할 것인가가 중요한데도, 자칫 잘못하면 민중을 자신들이 요구하는 사상과 주장에 맞춰 이용하는 대상물로 생각할 위험이 있습니다.

그래서 목표가 수단시되기도 하고 주체가 대상으로 전락되기도 하는 것이지요. 만약 이와 같은 태도로 민중 구제를 외친다면 그것은 또 하나의 지배 형태를 가져오는 데 불과할 것입니다. 또한 그것은 결코 이루어질 수도 없습니다.

아픔을 함께 나누기

〈화엄경〉 '입법계품'에 보면 선재 동자라는 젊은 구도자 이야기가 나옵니다. 선재 동자는 도(道)를 구하고자 53명의 선지식을 찾아 사회로 나갑니다. 그리고는 이 세상에서 나름대로 살아가는 수많은 사람들을 만나게 되지요.

도를 구하고자 가르침을 받은 사람들 중에는 비구·비구니 같은 수행자들도 있었지만 농부·상인·대장장이·이교도인·바라문·창녀도 있었습니다. 52번째로 찾아간 미륵 보살에게 이렇게 묻습니다.

"보살님, 보살의 고향은 어디입니까?"

이 말은 보살이 어디에서 태어나 세상에 나오게 되느냐는 뜻입니다. 이에 대한 미륵 보살의 답변은 첫째, 보살은 대비심에서 온다는 것입니다. 보살은 크게 아파하는 마음 즉, 비심(悲心)에서 출발합니다. 크게 아파하는 단계에서 다음 단계로 넘어서면 그 아픔을 함께 해야 되겠다, 그리고 그 아픔을 치유해야 되겠다는 자심(慈心) 즉, 사랑을 베푸는 마음이 보살의 둘째 고향입니다.

이처럼 보살의 힘과 서원은 아픔에서 옵니다. 비(悲)의 인도 말 어원은 신음입니다.

혹시 우리들이 길을 가다가 아주 처참하게 쓰러져 있는 사람을 발견하고, 그 순간 가슴이 찡하면서 눈물이 쏟아지는 아픔을 느낀 경험이 있었는지요? 불쌍하다, 도와 줘야겠다는 느낌과는 다르게 이 생각보다 훨씬 이전에 느껴지는, 마치 전기처럼 다가오는 찡한 느낌, 그것이 바로 비심입니다. 전율로서 다가오는 이 마음이 마치 자기가 겪은 것처럼 느끼는 아픔이요, 곧 비심인 것이지요.

아픔은 훨씬 더 큰 사랑의 표현입니다. 베푸는 행위는 아픔을 함께 느끼는 사랑에 비하면 좁은 사랑의 표현에 불과합니다. 아픔을 기반으로 한 사랑이야말로 진정한 사랑입니다. 그래서 자신이 직접 아픔을 겪거나 그렇지 않으면 타인의 아픔을 마치 자기가 겪은 아픔처럼 느낄 수 있는 그것이 바로 보살행의 원천입니다.

'저런 처지에서 얼마나 아프겠느냐, 내가 여유가 있으면 조금이라도 도와 주고 싶은데, 참 미안하다.'는 마음이 있으면 설령 도와 주지 못해도 무량한 자비심을 일으키는 것입니다. 꼭 재물로만 도울 수 있는 것은 아니지요. 재정 형편이 안 될 때는 마음으로라도 함께 아파하며 도와 주지 못하는 자기 자신을 되돌아볼 수 있으면 족합니다. 그것이 바로 큰 수행인 것입니다.

보통 우리는 한 집에 살면서도 자식이 어떤 아픔을 겪고 있는지, 부모님이 무엇을 고민하고 있는지 제대로 이해하지 못합니다.

오로지 나한테 어떻게 해주느냐에만 초점이 맞춰 있지요. 우리들이 자기 중심과 이기심에서 벗어나 부모님이나 자식의 처지를 서로 이해하는 것, 그 아픔을 함께 하는 것이 보살행의 첫걸음입니다.

어떻게 인생을 살아야 할 것인가

먼저 민중의 아픔을 자기화 하라

그렇다면 더 나은 새로운 사회, 정토 세계를 건설할 주역은 누구일까요?

바로 이 사회에서 가장 아픔을 많이 겪는 사람, 그 고통에서 벗어나고자 하는 욕구가 가장 강렬한 사람이 정토 세계를 건설할 주인입니다. 이 사람들이야말로 가장 강력한 힘의 원천을 갖고 있습니다. 그것은 현재 그 사람들이 고통에서 벗어나기 위해 가장 합리적인 생각을 한다는 뜻이 아니라 잠재되어 있는 역량이 가장 크다는 의미입니다.

왜냐하면 아픔이 없는 자는 아무리 머리 속으로 해결해야 된다는 의지를 갖고 있다 하더라도 그 문제를 시급하게 극복해야 한다는 절실함이 없기 때문이지요. 문제 해결에 대해서 열변을 토하다가도 다른 일이 생기면 곧 뒤로 미루거나 한쪽으로 접어 두곤 합니다. 그러므로 이러한 사람은 언제든지 잘못을 범할 확률도 있고 스스로 슬럼프에 빠질 위험 또한 큰 것입니다.

따라서 이 사회에서 가장 차별받는 사람이 평등 사회의 실현에 대한 요구가 가장 큽니다. 그 때문에 잠재 역량으로 볼 때 남자보다 여자가, 부자보다 가난한 사람이, 건강한 사람보다 불구자가, 배운 사람보다 못 배운 사람이, 나이 많은 사람보다 젊은 사람이 훨씬 더 사회 정의 실현에 대한 욕구가 강렬한 것입니다.

그러나 현재 그들은 이 사회가 자신의 삶을 왜곡하고 잘못된 상태로 길들였기 때문에, 자기 삶에 대한 주체적인 의지가 결여되어 있습니다. 하지만 비록 그들의 현실은 미약 할지라도 본질적인 잠재 역량은 그 누구보다도 훨씬 강합니다. 남북으로 분단된 우리 현실에서 냉전 이데올로기의 전횡과 성장 위주의 경제 정책, 불균등의 심화로 가장 큰 고통을 겪는 사람들은 누구일까요? 바로 노동자, 농민, 도시 빈민들이겠지요?

현재 그들이 통일이나 국가 장래의 문제에 대해 아무런 견해조차 갖고 있지 않고 설령 반대한다 해도 미래 사회 건설의 잠재 역량을 가장 크게 갖고 있는 당사자들이기도 합니다. 그것은 마치 탄광의 매장량이 많다고 해서 생산량 역시 자동적으로 많아질 수 없는 것과 같습니다. 가령 매장량이 적어도 개발이 잘 되면 생산량이 많을 수 있고, 매장량은 많지만 개발이 안 되면 생산량이 적어질 수밖에 없습니다.

그와 같이 사회 현실에서도 생산량의 입장에서 본다면 매장량에 비해 다수의 민중들보다 지식인들이 현상적으로 훨씬 더 개발되어 있는 셈이지요.

가장 큰 고통을 안고 있는 사람들이 고통에서 벗어날 수 있는 충분한 잠재 역량이 있는데도 그것을 인식하지 못할 때 나타나는 모습 중의 하나는 자신만이 그 고통에서 탈출하려고 한다는 것입니다. 혼자만 구제 받으려는 사람은 결코 보살이 될 수 없지요. 그러므로 자신의 아픔을 사회화하는 것이 무엇보다도 중요합니다. 자신이 겪은 아픔을 다른 사람의 아픔과 공유하려는 자세를 갖고 세계를 합리적으로 이해함으로써 전면적인 의식 전환이 이루어질 때 보살이 될 수 있습니다.

그러므로 오늘 우리 민중은 자신이 겪는 고통을 사회화함으로 해서, 함께 고통에서 벗어날 수 있다는 인식의 대전환이 필요합니다. 그럴 때 민중이 역사와 사회의 주체로 일어서는 보살이 될 수 있습니다. 이와 달리 사회 문제에 대해서 지식으로써 혹은 이론적으로 접근할 사람은 현실 문제를 직접 체험함으로써 그 아픔을 자기화 하지 않으면 지속적인 실천의 동력을 유지하기 어렵습니다. 따라서 항상 사회의 아픔을 자기화 하는 과정이 있어야 합니다.

중생의 편에 서는 보살이 되려면

위의 두 가지 길 중 어떤 것이든 보살행의 근원, 가장 밑받침 되는 동력은 아픔입니다. 이 아픔을 끊임없이 견지해 내지 못한다면 아무리 탁월한 능력을 가진 머리 좋은 수행자라 하더라도 언젠가는 타락의 길로 빠질 수밖에 없습니다. 아픔에 기반하지 않을 때 그 어떤 탁월한 논리라도 그것은 곧 변질되어 보살의 길에서 이탈하게 됩니다.

왜 그럴까요? 그것은 아상·인상·중생상·수자상이라는 상에 젖어 중생이 처한 현실을 무시해 버릴 소지가 다분히 있기 때문입니다. 특히 종교 생활을 하는 사람이라면 끊임없이 자기 자신을 돌아보지 않으면 안 됩니다. 제 이야기를 들으면서도 '저 사람은 아는 것도 많고 참 훌륭하다, 저 사람의 말을 따라야지.' 하는 생각에 빠질 수 있습니다. 하지만 그렇게 생각하시면 안 됩니다. 다만 저는 고통을 느끼는 인간의 마음, 자신에게나 다른 사람에게 고통을 주는 마음, 인생의 행·불행에 영향을 주는 오묘한 마음 문제에 대해서 스스로를 돌아보고 일상에서도 많이 생각하는 사람이기에 그렇지 못한 사람들보다 많은 얘기를 할 수 있을 뿐입니다.

출판업에 종사하는 사람이라면 책을 만드는 능력이 남보다 월등할 것이고, 타자를 치는 사람이라면 그 실력이 남보다 월등할 것입니다. 그런 것처럼 인간이 살아가는 데 필요한 많은 일 가운데 저는 인생의 행복을 여는 방법을 찾는 사람 중 하나일 뿐입니다.

이처럼 자기 역할은 한정될 수밖에 없는데도 어느 하나를 확대, 강요해서 인간 문제의 전부인 양 오도하거나 혹은 그것을 무기 삼아 대중을 지배하고 복종을 강요하는 경우도 많이 있습니다. 이것은 하나의 지배 논리이지 결코 인간의 행복을 추구하는 종교 교리일 수는 없습니다. 사실 우리는 끊임없이 이 점을 경계해야 할 것입니다.

인간 사회에서 종교의 역할이란 기술 문명을 개발하여 주는 것도, 의식주를 해결해 주는 것도 아닙니다.

현재 사회·경제적인 조건에서도 마음만 조금 잘 쓰면 더 행복하게 살 수 있는 길과 방법이 있습니다. 종교가 이것을 연구하고 일러 준다면 우리들은 그것을 배워서 현재의 자기 조건에 적용하여 행복하게 살아가면 되는 것입니다. 그렇다고 마음 씀씀이에 따라 이 세상 인간 문제가 전부 해결된다는 식으로 받아들이면 안 됩니다. 마음 한번 잘 먹으면 기술 개발을 안해도, 농사를 안 지어도, 옷을 만들지 않아도 잘 살 수 있을까요? 그렇지는 않지요.

끊임없이 스스로를 돌아보지 않으면 종교는 사회의 커다란 악으로 돌변합니다. 지난 역사를 살펴보면 종교가 인류 발전의 크나큰 재앙으로 역할을 했던 적이 많습니다. 수행자의 경우, 특히 보다 전문적으로 실천하는 사람은 이런 문제점을 극복하지 않으면 안 됩니다.

우리 사회의 고통스런 삶의 이야기

그러면 이번에는 우리 사회의 모순이 집약적으로 나타나 있는 농촌 여성의 생활이 어떠한 지 한번 살펴봅시다.

아침 6시에 일어나, 한 아이는 젖먹여 방에 눕혀 놓고 한 아이는 등에 업은 채 아침 식사 준비를 합니다. 나무로 불을 피워 밥을 지어 놓으면 그때서야 시어머니와 남편은 자리에서 일어나 식사를 합니다. 남편과 함께 일 나가기 위해서 설거지도 하는 둥 마는 둥 해 놓고는 등에 애를 들쳐 업고 밭으로 나갑니다.

밭일을 할 때면 아이가 울고 보채도 달래 줄 겨를이 없어 내 버려두기 십상입니다. 점심 때가 되면 집으로 돌아와서 점심 준비를 하고, 남자들이 쉴 때 뒷정리 해 놓고는 또 밭에 나가 일을 하지요. 하루종일 고추를 따거나 김매느라 허리 한번 제대로 펴지 못하고 해가 져서 어둑할 때에야 돌아와서는 또 저녁을 짓습니다. 이것이 농촌 여성의 하루 일과입니다.

더구나 남편 친구라도 오면 술상 벌려 놓고 술 가져오너라, 안주 가져오너라 하니 짜증을 안 낼 수가 있겠습니까? 그래서 싫은 소리라도 한마디하면 마누라가 잔소리가 많다고 윽박지르고 그 소리에 애는 울고 그러다 보면 시어머니와도 말다툼할 수밖에 없지요. 그리고는 또 쓰러진 채 잠들어 버리는 고단한 생활이 계속해서 반복됩니다.

현대 문명의 혜택을 마음껏 누리며 사는 중산층 여성들의 생활과는 비교가 안 되지요. 이런 열악한 조건에서도 사람이 마음을 바꾸면 그 생활의 어려움에서 훨씬 나아질 수는 있습니다.

그러나 이런 생활 조건에서 과연 어떤 일이 가능하며, 합리적인 가정 교육이 가능할 수 있을까요? 이런 사람들에게 TV에서 매일 방영되는 요리 강습이 무슨 의미가 있겠습니까? 또한 도회지 여자가 아파트에 살면서 가스레인지로 밥도 못해 쩔쩔 매고, 아이 하나도 힘에 버거워 하는 모습을 보면 어떤 생각을 하겠습니까? 어떤 여자는 팔자가 좋아 아파트에서 온갖 가전기기 갖춰 놓고 편하게 살면서도 불평 불만 하는가 하면, 어느 여자는 팔자가 사나워 온갖 고생하며 살아도 결국 요 모양 요 꼴인가 하는 한숨 섞인 푸념이 나올 수밖에 없습니다.

이 때 만약 '하나님의 뜻이니 그 뜻에 살아라.' 고 일러 주는 것이 종교라면 과연 종교가 그 사람에게 무슨 의미가 있을까요? 혹은 '앞으로 20년쯤 지나면 좀 더 살기 좋은 세상이 될테니 그 때까지 참고 살아라.' 하고 말할 수 있을까요? 아픔을 겪는 자가 그 아픔을 극복하려는 것은 지금 당장 해결해야 할 절박한 문제이지, 내일의 문제도 먼 훗날의 문제도 아닙니다. 그것이 해결되지 않기 때문에 할 수 없이 체념하며 고통 속에서 인생을 살고 있는 것이지요.

그래서 젊은 여자들이 농촌에 살기를 꺼려하니 결혼 못한 농촌 청년이 증가하는 기현상이 빚어집니다. 그런데도 농촌 청년이 장가 못 가고 있는 이유가 사주팔자 탓일까요? 그것은 결코 아니겠지요.

이처럼 엄청난 불만과 고통 속에 살면서도 뚜렷한 전망도 없는 처지에 놓여 있다고 생각할 때, 그 아픔을 해결하고자 하는 것이 오늘 우리들에게 가장 시급한 문제가 아니고 무엇이겠습니까? 그 해결책이 일요일에 교회 나가는 것일까요? 아니면 사월 초파일에 연등 밝히는 일이겠어요? 얼마 전에 있었던 고추 파동, 돼지 파동을 기억하시는지요?

한 해 농사를 지어도 품값은커녕 종자 값도 안 나오는 경우가 많습니다. 특히 외국 농산물이 무분별하게 수입된 후로는 농촌 살림이 더 어려워졌습니다. 이와 같은 아픔이 외면된 채, 어떤 종교적 이상이라는 것이 따로 있을 수 있을까요? 이런 판국에 불상에 금을 입히는 것이 우리들에게 과연 시급한 문제이겠어요?

매일 부족한 잠을 쫓으며 생산에 종사하면서도 집 없는 대다수 서민들은 좁디좁은 방에서 다리조차 제대로 펴지 못한 채 겨우 자고 있는 실정인데도, 우리는 기도하고 참선하기 위해 넓은 방이 필요하고 보일러 시설이 필요하다면 과연 그 종교가 고통받는 사람들에게 어떤 의미가 있을 수 있을까요?

아직도 초등학교나 중학교, 고등학교만 졸업하고 열악한 노동 조건에서 하루종일 일해도 겨우 일당 7, 8천원밖에 받지 못하는 사람들이 많습니다. 이들의 아픔이 진실로 자신의 아픔으로 다가온다면 우리 종교인들이나 학생, 지식인들이 마음에서라도 행여 '나는 민중을 위해 기득권까지 다 버리고 희생하면서 운동한다.'는 그릇된 생각을 해서는 안 됩니다.

모든 지식인들이 조국 통일과 사회 민주화와 더 나은 사회를 위해 노력하다가 희생된다 해도, 그들이 불쌍하다고 생각할 만한 특별한 의미는 없는 것입니다. 마땅히 헌신하고 봉사해야 될 만큼 그들의 삶은 현재 고통받는 사람들의 아픔 위에 존재하고 있기 때문입니다.

이런 대중의 희생 위에 서 있는 우리들의 위선적인 삶이 진정으로 자각된다면 '인생을 어떻게 살아야 할 것인가.'라는 문제에 대해서 스스로를 성실히 돌아볼 수 있을 것입니다. 오늘날 불교·기독교·천주교의 그 어떤 종교인도 대중의 고통 없이 존재할 수는 없습니다. 대중이 생산하지 않는다면 어떻게 종교인이 존재할 수 있겠습니까? 이 점을 우리가 깊이 자각한다면 앞으로 자기 인생을 어떻게 살아야 할 것인지 분명해질 것입니다.

누구를 위해서 헌신하는 것이 아닙니다. 바로 위선적인 삶을 살지 않으려는, 바르게 살고자 하는 구도자적인 바람과 자세만 있다면, 우리의 몸과 마음은 그 혼탁한 기류에서도 더 이상 방황하며 살지 않을 것입니다.

우리의 모든 삶을 바쳐서라도···

신도님이나 청년들과 상담하다 보면 가끔 일어나는 일이 있습니다. 물론 상담자라면 어떤 조건이든 그 아픔을 이해하면서 상담에 임하게 마련입니다. 하지만 상대가 좀처럼 자기 문제를 제대로 이해하지 못하고 고난을 넘어서지 못할 때면 다음과 같은 이야기를 해 줍니다.

자신의 처지에서 주관적으로 자기 아픔을 볼 때는 괴롭지만 사회 전체라는 객관적 틀을 놓고 보면 아주 소소한 고민 거리로밖에 여겨지지 않는다는 것이지요. TV드라마에서 남자와 여자 사이에 벌어지는 복잡한 삼각 관계를 보면서 아마도 여유있는 분은 그들의 고통에 대해 동정심을 일으키겠지만 저는 오히려 우리들의 어리석음에 동정이 갑니다. 사실 우리들이 이 드라마의 등장 인물을 보면서 슬퍼하거나 괴로워할 아무런 이유가 없어요. 어떤 면에서 보면 대중의 괴로움을 기초로 움직이는 기형적인 이 사회에서 비정상적인 인간들의 시시콜콜한 사랑 놀이와 그로 인한 괴로움을, 그것도 억지로 만들어서 나열하고 있기 때문입니다. 그러므로 생활에 쪼들리는 대중들의 적나라한 삶과 현실을 직시한다면 오히려 자기 문제의 극복은 훨씬 수월해질 수 있을 것입니다.

이런 경우 상담자를 설득해서 말로 해결하기보다는 탄광촌에서 일주일만 생활하도록 해보는 것이 문제가 무엇인지를 스스로 깨닫게 하는데는 더 효과적인 계기가 되지요. 저는 학교에 다니고 있는 학생이나 한 달 후면 졸업할 학생이라도 자신이 발심해서 불교 공부를 해보겠다는 결심만 서 있다면 망설임 없이 곧장 절로 데려

옵니다. 그래서 사람들로부터 독하다는 얘기나 신세 망쳐 놓는다는 얘기를 많이 듣지요. 그런데 이건 하나의 역설이긴 합니다만, 사실 신세를 망쳐 놓아야 잘못된 길로 갈 것을 미리 막고 바른 길로 갈 수 있는 것입니다. 물론 그것은 자신이 결정한 상태에서만 가능하지요. 인간은 모두 자기가 중심이고 주인으로서 살아가는 것이니까요.

학생들이 데모하다 학교 공부를 중도에 포기해야만 되었을 때 주위 사람들은 걱정합니다. 그러나 사실은 걱정할 이유가 하나도 없습니다. 대학에 못 가본 사람을 걱정해야지, 몇 달이라도 대학에 다녀 본 학생을 뭐 그리 걱정합니까? 여러분, 이 앞의 지하도를 건너가 보세요. 너저분한 행색으로 배추 몇 포기 갖다 놓고선 하루 종일 웅크리고 앉아 계시는 할머니가 한 분 계십니다. 저는 물건은 사 줄 망정 근원적으로 할머니를 도와 줄 형편은 못 됩니다. 그 모습을 볼 때 비록 업무 때문에 다방에서 커피를 마시지만 저의 가슴은 아픕니다. 어떤 면에서 보면 저는 굉장히 위선적인 존재입니다.

그러나 커피 마시고 돈을 지불할 때 지하도 옆의 할머니를 생각하는 그 아픔이 저에게 어떠한 원동력이 되느냐가 중요합니다. '이 세상에 다시는 저런 사람이 존재하지 않아야 된다. 그러한 사회를 건설하기 위해서 남아 있는 나의 모든 삶이 전부 바쳐져야 한다. 아픔을 해결하는데 내가 지금 얼마의 돈을 주지 못한다면 적어도 내 살아 있는 육신과 정신, 이 모든 것이 투여되지 않으면 안 된다.' 는 서원을 되뇌이는 것입니다.

민중 스스로의 주체성을 높여라

따라서 저는, 수행을 하고자 또는 보살행을 하고자 그 일에 뛰어들어 놓고서는 건달처럼 사는 사람을 제일 싫어합니다. 자기 이익을 위해서 악착같이 권력을 쟁취하거나 재물을 획득해서 사는 재벌이나 군인들보다 오히려 그들을 더 싫어합니다.

중생 구제니 민중 구제니 외치며 돌아다니면서 불성실한 삶을 살아가는 그런 사람들 때문에 진정으로 대중이 의식화되고 자기 권리를 쟁취해 나가는 데 결정적인 장애가 됩니다. 숫제 그런 지식인들이 철저하게 자기 이익만 챙기며 살아간다면 오히려 대중은 '내 밥그릇 내가 찾아야 하겠다.'는 독한 마음을 갖고 분투해서 살아갈 것입니다.

고아원 아이들에게 차라리 동정의 시선을 주지 않고 놓아 둔다면 그들은 스스로 일종의 독기를 갖고 세상에 저항하려 하고 자기 권리를 찾으려고 노력할텐데, 책임감도 없이 시즌이 오면 요란하게 그저 아이들과 한두 번 놀아 주고 따라오면 도망갈 수밖에 없는 행위는 얼마나 비열하고 무책임한 일입니까? 또 아이들 앞에 선물 쌓아 놓고 둘러앉아 사진이나 찍고 있는 사람들에게 고아들의 존재는 결국 사진 찍는 대상이며 소품에 불과할 뿐입니다. 대부분의 사람들은 고아들의 아픔을 조금도 인식하지 못하고 있기 때문에 일시적

도움의 행위로 끝나는 것이며 겉치레나 생색내기에 바쁜 것입니다.

정말로 아이들의 아픔을 이해한다면 개인적으로 고아원에 봉사하러 갈 필요가 없는 사회를 만들려는 노력, 그 절실한 필요성이 저절로 자신의 삶을 움직이게 될 것입니다.

제가 말씀드리고자 하는 것은 고아원 방문 자체가 잘못되었다는 것이 아니라 고아원을 방문하고 물질적으로 도움을 주는 일은 당연히 필요합니다. 하지만 우선 우리들 스스로 고아들과 함께 할 수 있는 처절한 아픔을 느껴야 하며, 우리가 가져야 할 가장 기본적인 자세는 그들이 스스로 설 수 있도록 자주성을 길러주는 일입니다. 내가 그에게 영원한 보호자가 될 수 없다면 그들이 스스로 설 수 있도록 해줘야 합니다.

저 역시 여러분의 삶을 끝까지 책임질 수 없기 때문에, 여러분들이 자신의 인생을 스스로 살아갈 수 있도록 끊임없이 격려하는 것 아니겠습니까?

지금부터 20여 년 전 일입니다만 제가 시골에 살 때 농촌 봉사 활동하러 도회지에서 내려온 대학생들을 본 적이 있었는데, 저는 그 때 그들에 대해 굉장한 저항감이 있었습니다. 일하려고 시골에 내려온 사람들이 떼지어 집집마다 돌아다니면서 일은 하는 둥 마는 둥 대충 마치고, 밤 한두 시가 되도록 이야기하고 노래나 부릅니다. 아침에는 제대로 일어나지 못하고 낮에도 눈을 반 감고 다 죽어가는 형상을 하고 다닙니다.

또 학생들에게는 라면이 간식이지만 시골에 사는 우리들에게는 간혹 가다 어렵게 먹을 수 있는 별식이었습니다. 한편에선 학생들이 술자리를 만들고 사회 비판을 하면서 밤을 새기도 하면서 동네 청년들을 가르칩니다. 입으로는 사회 문제에 대해 많은 것을 알고 이야기하지만 삶의 태도, 그 하나를 들여다 볼 때는 조금도 긍정적으로 보여지지 않았습니다. 물론 지금은 많이 달라졌습니다. 당시 제 눈에 비친 대학이란 곳은 마음껏 놀아도 된다고 세상 사람들이 공인해 준 곳이고, 그 대가로 월 몇십만 원씩 갖다 바치면 되는 곳 쯤으로 여겨졌습니다. 이러한 제반 모습이 그 때 우리들 눈에는 동경심만 불러일으키게 되었지요. 농촌 봉사 활동이 중요한 이유는 무엇이겠습니까? 지식인들이 시골 청년들에게 미안해하는 마음을 갖고 농촌에서 사는 것이 얼마나 긍정적인가 하는 자긍심을 심어 주는 것 아닐까요? 대학생들이 시골에 왔다 간 후 '학교를 다녀도 별 볼 일 없구나. 농사짓는 것이 최고다.' 라는 마음이 들게 해야 될텐데, 반대로 마을 청년들이 농사짓는 생활에 회의를 느끼고 도회지로 나가려는 마음만 생기게 된다면 과연 대학생들이 농활 가서 농민들에게 해 준 것이 무엇일까요?

우리가 어떠한 일을 하든지 가장 중히 여겨야 할 것은 자신의 처지에서 상대방에 주는 물질적 도움이 아니라 그 사람 처지로 돌아가 자긍심을 느끼게 하고 자신감을 갖게 하는 것입니다. 즉, 자기 자존, 자기 자주성을 높이도록 하는 것이야말로 가장 중요한 작업의 하나인 것이지요.

저는 평범한 어린 시절을 보냈지만 어떤 면에서는 너무나 가난한 어린 시절을 보냈다고 할 수도 있습니다. 그러나 제가 가난하고 고생하며 살았다는 생각이 없는 중요한 이유는 가난한 사람끼리 살다 보니 상대적으로 우리 집 가난이 특별나다고 의식하지 못한 데 있습니다.

어린 시절 제 주위 사람 중에는 굶고 지내는 사람이 많았고, 그나마 우리 집 사정은 조금 나은 편이었지요. 중학교에 들어가서도 1학년 때부터 신문 배달을 했습니다. 거기다 제대로 먹지 못하니 몸은 부실하기 짝이 없었지만, 제가 자란 시골에서는 중학교에 다닐 수 있던 사람도 거의 없는 실정이었습니다. 그래서 더더욱 가난하다고 생각하진 않았지요.

왜냐하면 다른 친구들은 겨우 초등학교만 졸업하고 남의 집 머슴살이를 하든가 새로 생긴 울산 공단에 취직해서 갔지만, 그래도 저는 중학교에 진학할 수 있었으니까요. 처음에는 제가 친구들보다 재주가 있고 똑똑해서 중학교에 진학한 것으로 생각했습니다. 그렇지만 시간이 흐를수록, 불교를 깊이 알면 알수록 저의 학교 생활이란, 공장이나 시골에서 일하는 제 나이 또래 친구들의 고통을 기반으로 해서 딛고 일어선 것이라는 생각이 더욱 커졌습니다.

이런 저의 작은 깨침이 그 사람들에게 돌아가지 않는다면 올바른 불법을 알지 못하는 것이 아닌가 하는 생각을 조금씩 하게 되었습니다.

시골 친구들에 비해 제가 조금 낫다고는 해도 어떤 면에서는 여러분 보다 훨씬 더 머리가 나쁘고 공부도 못한 셈입니다. 고등학교 졸업장은 있지만 실제로는 고등학교 2학년 과정 중반에 학교 공부를 집어 던졌지요. 그래서 여러분보다는 학교 교육을 받을 기회가 훨씬 적었습니다.

저는 원래 지식인이 아닙니다. 고등학교를 그만 둔 이후 저의 소박한 꿈은 연탄 장사였습니다. 그 돈으로, 당시 제 후배들이 고생하지 않고 불교 활동이라도 할 수 있게끔 뒷받침을 해 주자는 생각이었지요. 그것은 불교가 발전하고 사회가 새롭게 태어나려면 새로운 인력이 배출되어야 되고 먼저 나온 저 같은 사람들이 밑거름 역할을 해야 한다는 아주 소박한 생활 철학이었습니다.

요즘 타인에게 비춰진 저의 모습은 마치 지식이 많은 사람처럼, 불교 경전에 통달한 사람처럼 보일 수 있지만 사실 저는 영어도 모르고 한자도 제대로 못 씁니다. 그 뿐인가요? 동국대학교에서 불교에 대한 전문적인 교육을 받은 적도 없습니다. 이런 이야기를 하는 이유는 누구나 자기 인생을 소중하게 생각하고 함부로 천시하지 않는다면 어떤 경제적인 부나 사회적인 지위를 가진 것보다도 인생을 보람되게 살 수 있기 때문입니다.

수행이나 공부는 꼭 학위가 주어지는 제도권에서만 이루어지는 것이 아니라 끊임없이 자기를 되돌아보고 인생을 함부로 살지 않으려는 자기 의욕이 있을 때 비로소 이루어진다고 봅니다. 어떠한 사람이든 그 의욕으로 인간이 본래 갖고 있는 부처의 능력을 조금씩 개발해 나갈 수 있습니다.

    이런 의미에서 지식있는 자나 특별한 자만이 수행을 할 수 있다는 고정 관념을 버려야 하며 바로 여러분 자신을 포함하여 누구나 수행할 수 있다는 확신을 가져야 합니다.

고통을 외면하면 나에게도 고통이

왜 보수에서 진보로 되었는가

아직도 우리 사회에는 어렵게 사는 사람이 많지만 저도 이 세상에 몸뚱이 하나만 갖고 태어나 아무것도 가진 것 없이 가난하게 자란 사람입니다. 그러나 제 부모님에 비해서 훨씬 가진 것이 많았지요.

우리 부모님은 두분 모두 전혀 교육받지 못하셨고 물려받은 재산도 없어서, 아버님이 남의 집 머슴살이를 해서 생계를 꾸려 나가는 가난한 생활이었습니다. 그러나 저는 그 아버님의 고통 위에서 그래도 학교 교육을 조금이라도 받을 수 있었고, 세상으로 진출할 수 있는 길이 어느 정도 열려 있었기 때문에 사회에 대한 개인적

불만은 거의 없는 편이었습니다.

저는 자기 개인의 마음만 바뀌면 모든 문제가 해결된다고 생각하는 쪽에 서 있습니다. 그러나 우리 사회가 바르게 살고자 하는 사람들에게 모든 조건을 공평하게 제공하지 못한다는 점에도 동의하고 있습니다. 그렇기 때문에 불공평한 조건에서도 자신이 처한 환경을 극복하려고 노력해야 하지만, 여기서 한발 더 나아가 다음 세대에게는 이런 악조건에서 인생을 온전하게 살지 못하는 아픔이 발생하지 않도록 사회를 더 바르게 세울 필요가 있다는 것입니다. 제가 지식인도 아니면서 사회 문제, 통일 문제를 거론하는 것도 사실은 개인적인 경험에서 비롯된 것이기에 가능한 것입니다.

지금도 시골에 가면 제 형제들, 사촌들은 어렵게 살고 있기 때문에 길거리에 앉아서 장사하는 사람들을 볼 때마다 제 어머니나 누님의 얼굴이 떠오릅니다. 시골에 있는 누나가 도회지의 이 자리에 앉아 있으면 바로 그 사람과 똑같은 모습일 수밖에 없기 때문입니다.

종래 제가 믿고 있는 불교에서는 종교가 사회와 무슨 관계가 있는가 라는 생각을 갖기도 했었습니다. 누군가가 종교에서 사회를 비판하고 나오면 종교와 정치는 분리된 것인데 왜 저럴까라는 보수적인 입장에 서 있기도 했었지요. 그러던 저의 생각을 근본적으로 변화시킨 일들이 일어났습니다.

엉겁결에 혹독한 고문을 겪다

제 체험 얘기를 하나 하겠습니다
저는 평소에 경찰서라곤 한번도 가본 적이 없을 뿐만 아니라 경찰관과 직접 얘기해 본 적도 없었기 때문에 그만큼 그쪽과는 관계가 멀다고 생각했습니다.

그러던 어느 날, 출근하려고 집을 나서는데 갑자기 건장한 사나이가 나타나 경찰이라면서 아무 대꾸도 할 수 없이 차로 끌고 갔습니다. 제가 끌려간 곳이 어디였는지 그 때는 몰랐지만 나중에 알고 보니 치안 본부였습니다. 어느 주택가의 한 복판에 있는 삼층 건물로 데려가더니 들어서자 마자 한마디 얘기도 없이 대뜸 때리기부터 시작했어요.

"네 잘못을 네가 알겠지."

하지만 아무리 생각해도 이유를 모르겠기에 뭐든지 시키는 대로 다하겠다고 빌기만 했습니다.

그러자 "이 자식, 아주 독한데." 하며 또 심하게 윽박지르더군요. 그 때 가만히 생각해 보니 제가 학원 강사를 하며 과외를 한 일이 떠올라 머뭇머뭇 그 얘기를 하니 "이 자식이 사람을 놀리나." 하며 사정 없이 때리더군요. 그러면서 "가명을 대라."고 하기에 질문의 의미도 모른 채 엉겁결에 학원에서 사용했던 불명을 알려 주니까 오리발을 내민다고 더 얻어맞기만 했습니다.

그리고는 누구 이름을 대며 "아느냐."고 묻기에 "안다."고 했지요. 그 사람은 예전에 제가 서울에서 살다가 시골로 내려가 살 작정으로 농민 교육을 받은 적이 있는데 그 곳에서 만났던 사람이었습니다.

"어떻게 아느냐?"

"몇 년 전 수원에서 며칠간 농민 교육을 받은 적이 있는데 그 교육장에서 만난 사람이다."

그러자 다른 농민 교육생의 이름을 열거하면서 아느냐고 물었지만 그 외의 다른 사람은 기억이 없었습니다. 아마 학생 사건이나 시국 사건에 농민회 어떤 사람이 연루되어 구속되었는데 고문을 하며 아는 사람 이름을 쓰라고 다그쳐 며칠씩 쓰다 보니 관계없는 제 이름까지 나왔던가 봅니다. 그래서 제가 그 일원 중 한 사람으로 지목되어 여기까지 끌려온 것이었습니다. 조사를 해 보니 학원 선생이 분명하고 수입이 상당하다는 것을 들어 자금책으로 몰았습니다. 그리고는 돈을 얼마 대주고 어느 조직과 관계되어 있느냐고 추궁하기 시작했습니다. 종이 열 장을 주면서 네 죄를 다 써서 채우라는 것입니다.

그래서 어릴 때부터 있었던 일을 전부 생각해 내어 적어 주니까 다시 새 종이를 주며 또 쓰라는 것입니다. 할 수 없이 다시 쓰기는 했지만 처음 쓴 내용과 다르게 써질 수밖에 없었어요. 그러나 그 두 개를 갖고 줄을 그어 가면서 비교하더니 틀린 부분을 찾아 왜 틀리는지를 추궁했어요. 대답하지 못하면 또 두들겨 팼습니다.

자기 혁명과 사회 개혁의 불이(不二) **165**

"이 자식, 아주 독한 놈이다. 안 되겠으니 가서 맛좀 보여 줘라." 하더니 조그만 목욕탕이 있는 방으로 데려 갔습니다. 그 방 안에는 나무 침대, 밧줄, 야구 배트 등이 있었습니다.

덩치가 좋은 사람이 오더니 다리는 오므리고 있는 상태에서 밧줄로 몸을 묶는데 너무 세게 조여 뼈가 으스러지는 것 같았고 살을 파고들면서 피가 줄줄 흘러 나왔습니다. 그러자 살이 찢긴다고 신문지로 고이더군요.

아직도 제 몸에는 밧줄로 맨 흔적이 남아 있습니다. 사지가 묶인 상태로 문지방에 척추가 닿도록 눕혀 놓고는 머리를 목욕탕 쪽으로 가게 하고 그 위에 건장한 사람이 말 타듯이 올라타서 누르는 거예요. 그러니 척추 부위가 남아나겠습니까? 너무 고통이 심해 저도 모르게 고함이 터져 나왔지요. 그러자 또 다른 사람이 야구 배트로 신체 부위 중 가장 통증이 심하게 느껴지는 발바닥을 두들겨 패는 겁니다.

저도 예전에 수행을 통해 극기에는 어느 정도 자신 있었지만 그 고통은 도저히 못 견디겠기에 사람 죽는다고, 제발 살려만 달라고 애원을 했지요. 그들이 제 저금 통장까지 가지고 와서 돈이 어디에 있느냐, 그리고 누구에게 언제, 얼마를 주었느냐를 물을 때부터는 저도 모르게 없던 일을 꾸며 대고 그들이 원하는 대로 말하게 되더군요. 그러나 내 말을 조사해 보니 거짓임이 드러날 것 아닙니까? 결국은 사람 심부름만 시켰다고 하면서 또 두들겨 팼습니다.

계속해도 그들이 원하는 내용이 나오지 않자 이번에는 얼굴에 두꺼운 수건을 덮어씌워 주전자로 물을 부어 숨을 못 쉬게 하는 고통을 가하더군요. 다른 고통은 이에 비하면 아무것도 아니었지요. 수건에 물기가 있어 고개를 흔들어도 떨어지지 않고, 얼굴에 착 달라붙어 숨을 쉬면 코로 물이 들어갔습니다.

그런데 그 모진 고문보다 더 저에게 불안을 주는 것은 고문에 대한 협박이었습니다.

"너 데려올 때 아무도 본 사람은 없다. 너 같은 놈 하나 죽여서 쥐도 새도 모르게 수챗구멍에 버려 버리면 아무도 모른다."

숨을 못 쉬니 고통스럽고 또 숨을 쉬려니 물이 콧구멍으로 들어가 재채기가 나오지요. 차라리 기절이라도 해 버리면 편안할 텐데 이런 조건에서 그것조차 마음대로 되지 않더군요.

죽음에 처해 생명의 소중함을 깨닫고

그러다 두 번째 고문을 당하면서 거의 기절할 지경까지 이르렀을 때 갑자기 눈앞에서 환하게 영화 스크린처럼 어떤 영상이 펼쳐졌습니다. 그것은 개구리 한 마리가 바위에 부딪쳐 벌벌 떨며 죽어 가는 모습이었습니다. 개구리를 보는 순간 가슴이 찢어지는 듯 아파 왔습니다.

왜냐하면 시골에서 자랄 때, 닭모이로 주거나 식용으로 한답시고 곧잘 개구리를 잡았거든요. 개구리를 잡을 때 논두렁에 앉아 있는 개구리를 싸리 회초리로 내리칩니다. 그러면 개구리는 그 자리에서 달달 떨며 뻗어 버립니다.

문지방에 대었던 제 척추 부위처럼 개구리의 등허리를 회초리로 때렸던 것입니다. 그렇게 해서 잡은 개구리를 새끼줄에 매달아서 집으로 가져와 닭모이로 주거나 새모이로 줍니다. 개구리가 큰 경우에는 손으로 잡아 바위에 던져서 죽이기도 했습니다. 제 눈에 보였던 것은 회초리에 맞아서 또는 바위에 던져져서 달달 떨며 숨이 곧 넘어갈 듯 말듯한 그 개구리의 고통스러운 모습이었습니다.

그 때까지 저는 불교 활동을 하면서도 오계 중 불살생에 대해 그리 깊이 생각하지 못했고, 항상 뭘 하지 말라는 금지성을 띤 계율을 가지고 현대 사회에서 어떻게 종교의 기능을 다할 수 있겠는가 하는 의심까지 하고 있었지요. 법당 안에서 살생하지 말라고 다른 사람들에게 일러 주기는 했지만 진짜 제 가슴 밑바닥에서는 별로 동의하지 않았던 것입니다. 한마디로 스스로 외면을 했던 것이지요.

그런데 고문 받을 당시 저는 어떤 처지에 놓였을까요? 어렸을 때 제가 잡았던 그 개구리와 똑같은 처지에 놓이게 된 것입니다. 조금도 다를 바가 없었지요. 제가 개구리 한 마리를 잡아서, 살려 줄까 말까를 제 마음대로 했듯이 그 사람들에게 저의 존재 또한 제 손아귀에 잡힌 개구리와 다를 바가 없었습니다.

그 때 눈에서 눈물이 비오듯 쏟아졌습니다. 저는 죽어도 마땅한 존재라는 생각이 물밀 듯이 밀려 오더군요. 왜냐하면 당시 저는 불교를 믿은 지 10년이나 되고 그 동안 많은 불경을 읽고 배우고 가르치는 열성적인 활동을 했으면서도 부처님께서 우리에게 꼭 지켜야 된다고 하신 제1의 계율인 불살생조차 스스로 동의하지 못했다는 것에 대한 죄책감 때문이었습니다. 지키는 것은 고사하고 마음으로 인정조차 못 했던 것입니다.

생명이란 것이 얼마나 소중한 것인가를 깨닫게 된 것은 바로 제 자신이 지금 타의로 죽을 지경에 처해서야 즉, 제가 개구리의 처지와 다를 바 없게 된 상황에 처해서야 비로소 알게 된 것입니다. 귀가 따갑도록 부처님 법문을 듣고 또 남에게 강의까지 하면서도 제 마음 속 깊이까지는 다가오지 않았습니다. 결국 부처님이 그토록 자상하고 세심하게 일러 주었고 또 스스로 저만큼 불교를 믿는 사람이 없다고 주장하던 제가 죽을 지경에 이르러서야 불살생 계율의 참된 의미나마 간신히 자각을 했던 것이죠. 개구리의 영상이 제 앞에 나타나는 순간 '너 같은 인간은 일찍 죽는 것이 좋겠다.'는 생각이 들었고 그러자 그전에 몽둥이로 맞고 물고문을 당하면서 느꼈던 모든 고통이 순식간에 사라졌습니다.

개구리가 보이는 순간 참회하는 마음, 복받치는 오열과 가슴 저미는 반성의 아픔에만 몰두해 있었지요. 저 같은 사람은 죽어 마땅하다는 생각을 하고 나자 살려고 하는 몸부림이 그쳐 버렸습니다. 그러자 그 사람들이 "이 자는 간첩보다 더 독한 놈이다."라고 하더군요. 그 사람들 생각으로는 제가 고통을 못 견뎌 몸부림치며 기절해야 되는데도 무슨 일인지 갑자기 꼼짝도 않고 있으니 '너희들 해볼 테면 해 봐라.' 는 식으로 받아들여진 것입니다.

'난 이제 죽어야 한다.' 는 이 생각이 제 마음에 큰 변화를 가져오게 한 동기이자 동시에 고문에서 풀려날 수 있었던 계기였습니다. 그 이유는 고문을 일정한 단계까지 진행해도 더 이상 반응이 없으면 고문당하는 사람에게서 나올 이야기가 없다고 판단하는 것이 고문의 관례라고 합니다. 고문을 당해 보면 알지만, 자신이 알고 있는 어떤 사실을 고문에 저항해서 말하지 않는다는 것은 불가능합니다. 알고 있는 것을 말하지 않으면 안 될 정도의 심한 고통이므로 어느 정도 고문을 가하다 보면 잘못 짚었다는 판단이 선답니다.

그런데 제가 참회하는 마음으로 살고자 하는 몸부림을 그쳐 버리자 그들은 내게 더 이상 나올 이야기가 없다고 판단하고 고문을 멈춘 것이지요.

지금 당장 이 곳을 벗어나게 해 달라

일단 두 번째 고문이 끝나서 안쪽 방에 데려다 놓고 밧줄을 푸는데 다리가 펴지지 않았습니다. 두 사람이 눌러서 다리를 펴도 다시 굽혀지자 뜨거운 전기 장판 위에 저를 눕혀 놓고 담요를 덮은 뒤 몸 위에 한 사람이 삼십 분쯤 누르고 앉아 있자 힘줄이 풀리더군요. 그리고난 다음에는 전기 고문실로 데려간다고 협박을 했습니다.

사실 저에게는 고문당하는 순간보다도 고문과 고문 사이의 협박, 또 끌려간다는 강박 관념에 대한 두려움이 더 견디기 어려웠습니다.

그 때 이런 생각을 했습니다.

'내가 이제까지 수행하면서 불교는 생사를 뛰어넘는 것이라고 믿었는데 지금 나의 모습은 어떠한가! 죽음 앞에서 이렇게 보잘 것 없는 존재가 무슨 생사 여탈을 한다고 자신만만해 있었던가!'

생사 여탈이니 생사 초월이니 떠드는 사람들이 모두 한번씩 이런 고문을 당해 본다면 진짜 생사 여탈의 공부가 어떠한 것인지를 자각할 수 있을 것 같았습니다. 그래서 일제 시대 때 청담 스님은 고문당하고 나와 "좋은 공부장이 되더라."고 하셨던가 봅니다.

그 곳에서 제가 화장실에 가게 되었을 때 우연히 창문 밖을 내려다 보게 되었습니다. 집집마다 불이 켜져 있는 것을 보고서, '나는 바로 지척에서 이렇게 죽어 가고 있는데 저 집안에서는 가족끼리 친구끼리 즐겁게 이야기나 하고 있겠지.' 라는 생각이 떠올랐고 건너편 술집에서는 많은 사람들이 술마시며 이야기하는 모습이 보이는 듯 했습니다.

그 때 예전의 제 모습이 떠올랐습니다. 보살도가 어떻고, 중생 구제가 어떻다는 등 입에 거품 물며 열변을 토하기도 했지요. 그런데 과연 구제란 무엇인가?

저에게 구제란 바로 고문당하는 이 곳에서 벗어나게 해 주는 것이었습니다. 이 지옥 같은 곳에서 벗어나게 해 주는 것이야말로 저에게는 가장 큰 구제였지요. 제가 죽을 지경이 되어서야 생명의 소중함을 알게 되고, 제가 죽음을 눈앞에 두고서야 제 신앙의 허구성과 그 동안 확신에 차 있던 관념적 구제관의 허점을 발견할 수 있었습니다.

그리고 이 사건을 통해서 깨달은 또 하나는 연기의 법칙에 대해서였습니다.

고문 없는 사회에서 살고 싶다

개구리 모습을 보기 전까지는 두들겨 맞으면서 두 가지 생각으로 화가 났습니다. 하나는 '내가 여기서 나가기만 해봐라, 죄 없는 나를 이렇게 고생시켰으니 혼내 주겠다.'는 보복심이었고, 다른 하나는 내 이름을 댄 그 친구에 대한 증오심이었습니다.

그러나 개구리를 본 이후로 제 생각에 변화가 일어났습니다. 경찰에 대한 증오심도, 친구에 대한 증오심도, 고문에 대한 아픔까지도 모두 제 자신의 문제로 환원되어 돌아오는 것이었습니다. 그러면서 지나온 자신의 삶에 대한 반성이 물밀 듯이 밀려왔습니다.

그 때 저는 연기의 법칙을 깨달았습니다. 이제껏 연기란 제가 악한 일을 하면 그것으로 벌을 받는다는 식으로 이해했지만, 모든 존재가 독립적 존재가 아니라 상관적 관계 속에 존재한다는 사실을 알게 된 것이지요. 현 사회가 비록 고문이 자행되는 사회이긴 하지만, 나는 잘못한 일이 없으니 고문당하지 않을 것이고 다른 사람은 그만한 이유가 있어서 고문을 당한다고 생각했습니다. 그런데 제가 막상 고문을 당하게 되자 이 사회는 나와 별개로 독립되어 있지 않고 연관되어 있음을 알게 된 것입니다.

고문이 있는 사회에서는 나도 언젠가 고문당할 수밖에 없고, 우리가 고문 없는 사회를 만들어 놓는다면 나 역시 고문당할 일이 없어지게 되겠지요. 이런 경험 탓으로 87년 박종철 학생 고문치사에 대해 제가 느낀 분노와 아픔은 이루 말할 수 없었습니다.

이것이 연기입니다. 연기에 대한 법칙을 연구한다고 해서, 백 번을 되뇌어 봐도 그 이치가 올바로 체득되는 것이 아닙니다. 사회와 우리 자신이 우리 몸의 세포 하나처럼 뗄 수 없는 밀접한 연관성을 갖고 있음이 명확하게 자각될 때, 고문으로 고통받는 사람들의 아픔을 자기 아픔으로 느끼며 궁극에는 고문 없는 사회를 위해 노력해 나가려는 욕구 또한 강렬해지는 것입니다. 저는 그 때, 왜 지장 보살이 지옥을 없애겠다고 서원을 세웠는지를 논리적으로 이해하기 이전에 몸으로 느끼게 되었습니다.

마찬가지로 민족 통일에 대해서도 그전에는 민족이 갈라졌으니 당연히 합쳐져야 된다는 정도의 생각에 머물렀지만 이제는, 나라가 두쪽으로 갈라져 부모 자식간에 부부간에 남과 북으로 생이별한 채 1, 2년도 아니고 3, 40년을 통일될 날만 애타게 기다리는 사람들의 아픔이 가슴으로 전해져 왔습니다. 우리 민족 구성원들이 남에 살든, 북에 살든 모두가 자신의 가족이 헤어져 있다는 생각으로 문제를 바라본다면 그만큼 통일의 날은 앞당겨질 것입니다.

저는 이러한 경험을 통해서 그리고 그 이후 여러 삶의 경험을 통해서, 우리가 함께 살아가는 사람들의 고통을 외면한다면 그것은 어느 순간, 어떤 모습으로든 자신의 고통으로 되돌아오리라는 것을 확신하고 있습니다.

그러나 꼭 고통을 당하고 나야만 자각할 수 있고 후회하는 것은 참으로 어리석은 일입니다. 왜냐하면 부처님께서 이미 2,600여 년 전에 우리들의 이러한 문제와 고통의 본질을 낱낱이 해명하셨기 때문이지요.

그 이후로 경전을 읽으면서는 그 이전에 제가 갖고 있던 몇 가지 한계들이 치유되었습니다. 그 이전에는 누군가의 해설서를 보고 읽어야만 이해되던 경구들이 그 이후로는 글자 한 자 한 자, 가르침 한 자가 모두 인간의 문제에 대해서나 삶의 문제에 대해서 얼마나 아픔을 함께 하는 따뜻한 마음으로 씌어졌는지가 더욱 절실하게 다가왔습니다.

또한 부처님이 저에게 한 사람의 인간으로 다가오더군요. 무의식 중에 신적인 존재로만 여겨졌던 저에게 인간적인 존재로서 느껴지게 된 것입니다. 부처님은 신이 아니므로 절망 상태에 빠진 우리들에게 희망을 주지 못한다는 의미가 아닙니다. 진정한 부처님의 힘은 부처님의 가르침을 올바르게 받아들일 때만이 우리들의 고통을 해결하는데 영향을 주게 된다는 뜻입니다.

또 저는 굳이 불교라는 종교 형식을 취하지 않아도 좋다고 생각하나 단, 명백하게 현실로 받아들이지 않으면 안 될 문제가 있습니다. 존재하는 모든 사물과 사람은 개별적인 존재가 아니라 상호 연관되어진 존재라는 것입니다. 따라서 현상적으로 대중의 고통이 나의 문제가 아닌 것처럼 보이지만, 그것은 필연코 나의 문제가 될 수밖에 없다는 사실을 우리는 자각해야 합니다.

개인적 원한에서 한(恨)의 사회화로

치열하게 보살행을 실천하자

그리고 현재 내가 고통을 겪고 있다면 나만이 아니라 고통을 겪고 있는 수많은 사람들과 연대하는 것이 중요합니다.

이 아픔은 하나의 보복심으로 나타나는 것이 아니라 다시는 우리들에게 아픔이 없는 사회를 이룩하고자 하는 마음으로 자신의 아픔을 해결하려는 절실함으로 정토 사회 건설에 매진할 때만이 우리의 문제가 풀릴 수 있습니다.

일하다 지치고 쓰러질 때가 있다가도 그 때 그 생각을 떠올리면서 지금도 고문당하고 있을 사람, 비록 이 땅이 아니더라도 지구 어느 곳에서 무고하게 고문당해 죽거나 굶주리는 사람을 생각하면 자다가도 벌떡 일어나 앉게 됩니다.

저는 현재 그들보다는 좋은 조건에 있고 또다시 제가 그런 처지를 당하지 않으려면 고문 없는 사회, 억압 없는 사회를 만드는데 혼신의 노력을 기울여야 하지 않겠는가 하는 반성과 함께 새로운 용기가 용솟음 칩니다. 제가 그 속에 갇혀 있을 때, 하루라도 빨리 벗어나고 싶다고 간절히 원했던 것과 똑같은 바람을 지금 이 순간에도 수많은 사람들이 하고 있을 것입니다.

역사를 되돌아보면 어떤가요? 동학 혁명 당시 굶주리던 수많은 농민들이 봉기했을 때 그 실패로 20여만 명이 대학살을 당했습니다. 또 우리 민족이 일제에 지배받는 동안에도 수십만 명이 학살 당했습니다. 또 45년도 이후 53년까지 일제가 물러가고 남북 이데올로기 차이와 외세의 개입으로 수백만 명이 전쟁통에 죽었습니다.

그 이후로도 민족의 자주와 통일을 이루고 민중이 역사의 주인이 되는 사회를 건설하기 위해 싸우다 희생해 간 이름 없는 사람들이 무수히 많습니다. 저는 그들이 바로 보살이라고 생각합니다.

역사에서 원한, 원혼을 갖고 있었던 수많은 사람들을 달래고 그 한을 해소하기 위해서 젯상을 차려 놓고 제사지내는 일만이 최선의 방법은 아니라고 생각합니다. 다시는 이러한 한을 갖고 살아가는 사람이 없는 사회를 만들 때라야 원귀들의 한도 모두 풀리고 그 때 진정한 영가 천도가 이루어지는 것이겠지요.

자기 혁명과 사회 개혁의 불이(不二)

개인적 원한심을 버리기

우리들의 아픔이 개인의 원한으로 끝나거나 자신만의 탈출로 끝나서는 안 됩니다. 어떻게 하면 이 한이 올바르게 승화될 것인가에 대해서 옛날 이야기를 하나 소개해 보지요.

옛날에 임금 밑에 있던 한 재상이 왕의 신임을 배경 삼아 국사의 전권을 마치 독재자 마냥 휘두르는 폭정을 일삼았습니다. 소위 말해서 권문 세족이었지요. 그러므로 마음에 드는 여자가 있으면 겁탈하고 좋은 전답이 있으면 모조리 빼앗는 등 온갖 약탈을 저질러도 누구 하나 저항할 수가 없었습니다. 저항하는 자에게는 가차없이 죽음이 주어지게 되니까요.

그 당시는 이조 초기로 대부분 천수답으로 농토가 좋지 않았지만, 개중에는 수리 전답으로 농사짓기에 안성맞춤인 농토도 있었습니다. 이를 안 세도가가 그 땅을 강제로 자기 소유지로 만들자 마을 사람들이 항의했고, 이 때문에 대부분 세도가의 부하들에게 죽임을 당합니다.

제가 소개하려는 것은 바로 이 세도가의 횡포에 부모와 약혼녀가 죽고 모든 재산을 빼앗긴 한 젊은이의 얘기입니다.

복수심에 불타는 그 청년은 원수를 갚으려고 갔다가 오히려 초죽음을 당해서 쫓겨 나오게 됩니다. 막강한 세력을 가진 자에 대한 한 젊은이의 저항은 계란으로 바위 치기였습니다. 두 번을 시도했으나 두 번 다 실패로 끝납니다. 첫 번째 복수하러 갔을 때는 초죽음이 되어 겨우 살아 왔고, 두 번째는 길 위에서 암살하려는 계획을 꾸몄지만 역시 실패하고 맙니다.

상대를 보고 칼을 들었지만 막상 칼을 쳐든 순간 두려움 때문에 죽이지도 못하고 오히려 얻어맞아서 거의 다 죽게 된 젊은이를 길 가던 한 스님이 거두어 보살피고 간호하여 살려 내셨습니다.

시간이 흘러 기운을 차린 그 젊은이로부터 그간의 억울한 사정 이야기를 들은 스님은, 반드시 복수하고 말겠다는 청년의 울분에 찬 목소리를 가라앉히며 그 복수심이 잘못임을 일러 주십니다. 자신의 가족을 몰살했고 또 자신이 가장 좋아하던 처녀까지 죽게 한 그 세도가에 대한 응징은 너무나 당연한 것으로 여기고 그 동안, 자기 몸을 다 바쳐서라도 꼭 원수를 갚겠다는 격렬한 분노와 원한을 키워 왔는데 이 복수심이 잘못되었다고 하자 젊은이로서는 도저히 받아들일 수 없었습니다. 그래서 항의를 하지요.

"원수를 갚는 것이 왜 잘못되었습니까? 전 스님 의견에 동의할 수 없습니다." 하자 스님께선 "자네가 비록 원수를 죽이는 일을 성공한다 해도 돌아가신 부모님께서 살아날 수는 없지 않는가, 그리고 또 아무리 악독한 자라 할지라도 산 자가 죽은 자보다는 낫지 않겠느냐, 죽은 자를 위해 산 자를 죽인다는 것은 사리에 맞지 않음을 깊이 생각하여 복수심을 버리고 수행에 전념하게."라고 말씀하셨습니다.

우리들도 이 젊은이처럼 스님 얘기가 잘 이해되지 않지요?

어쨌든 그 인연으로 생명의 은인인 스님 말씀이라 거역하고 떠날 수 없었던 그는 절에 들어와서 행자 생활을 시작합니다. 하지만 마음은 복수하고자 하는 원망심으로 가득 찼기에 마음 닦는 수행에는 관심이 없었고 해낼 재간 또한 없었습니다.

부목 일을 하면서도 복수심 때문에 칼을 숨겨 가지고 있다가 나무 토막을 찍기도 하고 그래도 한이 풀리지 않을 때는, 지나가는 쥐라도 보면 원수를 대하듯 사정 없이 잡아 죽이기도 했지요. 하루는 젊은이가 또 쥐를 죽여서 마당으로 내던지자 이를 본 이 절의 다른 스님들이 살생을 했다하여 야단을 쳤습니다.

그러자 젊은이가 스님에게 묻기를 "이것이 쥐로 보입니까, 나무 토막을 던지는데 왜 그러십니까?" 가만히 돌이켜보면 의미가 있는 말입니다.

항상 마음만 바꾸면 된다고 불교에서 가르쳤으니 쥐를 나무 토막으로 보면 될 것 아니냐는 의미입니다. 어떤 의미에서 보면 가령 여자를 목석처럼 생각하면 된다는 불교인이 가지고 있는 사상에 대한 극렬한 저항일 수도 있지만 또한 나름대로 모순을 지적하는 반항적 행위라고 말할 수 있겠지요.

그런데 이 젊은이는 조금이라도 긴장이 풀리면 자신이 사랑하던 약혼자의 작은 꽃주머니를 꺼내 보면서 와신상담하듯 원한에 치를 떨곤 했습니다. 스님이 주의시킨 내용은 하나도 귀에 들어올 리가 없었지요,

이제 호랑이를 잡아라

　그러던 어느 날 젊은이가 방에 앉아 있는데 스님이 원수를 원수로 갚지 말라는 경전 구절이 있는 책을 주시며 매일 읽으라고 하셨습니다. 스님은 자기 생명의 은인이므로 도망도 못 가고 시키는 대로 읽기는 읽지만 제대로 글귀가 눈에 들어오겠습니까?

　그렇게 몇 달이 지난 어느 날 밤, 원수에 대한 증오심에 가득 차 책상 앞에 앉아 있는데 그의 방문이 열리면서 그렇게 증오하던 원수가 방 안으로 들어오는 것이 보였습니다. 한참 증오심으로 끓어오르던 그 청년은 앞뒤 생각할 것도 없었지요. 원수를 향해 책상을 집어던지고 몽둥이든 돌멩이든 손에 잡히는 대로 들고 두들겨 패서 상대를 넘어뜨린 후, 이제 결정적으로 그의 목숨을 끊겠다고 생각하며 칼을 빼 들고 정면으로 그 원수를 노려보았습니다.

　그런데 이것이 어찌된 일입니까? 상대는 자기 생명의 은인이신 스님이셨습니다. 꿈에도 원수갚는 일에만 몰두하여 너무나 증오심에 가득차 있었기에 제대로 사람을 분간조차 못하고 환시 현상을 일으켜 스님을 세도가로 착각한 것이었습니다.

　이 엄청난 사건으로 스님은 온몸에 상처를 입고 머리를 심하게 다쳐 자리에 몸져 눕게 됩니다. 자신이 스승을 그렇게 만들어 놓았다는 자책감에, 그 때서야 비로소 자신을 돌이켜보게 됩니다. 결국 원수에 대한 증오심으로 생명의 은인인 스님을 죽음으로 몰아갔음을 깨닫고 원수는 못 갚고 생명의 은인만 죽인 꼴이 된 자신에 대해 깊은 회의를 느낍니다.

　　깊이 생각한 그는 늘 차고 다니던 꽃주머니를 불태우며 원수를 갚겠다는 생각을 버리고 수행에 전념하기로 결심을 굳혔습니다. 당시 동네에는 스님 친구인 한의사 한 분이 계셨는데 위중한 상태를 전해 듣고 문병을 왔습니다.

　　그 때 이 청년이 주머니를 태우는 모습을 한의사가 지나 가다 보고는 가엾게 여겼습니다. 이분은 관상을 잘 보시는 분으로 처음에 스님이 젊은이를 데려다 수행시킨다고 했을 때 관상을 보고는 반대를 했었습니다. 그 사람은 원한심이 가득차 있기 때문에 중이 될 수 없다고 본 것이지요. 아무리 네 도력이 크다 하더라도 그 자를 절에 붙들어 놓고 수행자로 만든다는 것은 불가능하다고 얘기했었는데 지금, 주머니를 태우는 그 젊은이를 보니 이제는 중이 되는 길로 접어들었음을 얼굴에서 발견했지요.

　　이 한의사가, 자리에 누운 스님 곁에 와서는 "그 무지막지한 청년의 마음을 어떻게 비우게 했느냐."고 묻습니다.

　　그러자 스님께서는 또렷한 목소리로 "그가 절에서 나가는 것을 내가 허락했다. 그는 절에서 나갈 수밖에 없다."고 말씀하셨지요.

　　그러자 한의사가 생각하기를 '이미 젊은이는 속세로 나가 복수하려는 마음을 다 버리고 절에서 스님 생활을 하기로 마음을 정했는데 어찌하여 스님은 거꾸로 그가 속세로 나가는 것을 허락했는가.'를 처음에는 이상하게 여겼지만 이내 그 말뜻을 알게 됩니다. 얼마 후 스님은 그 자리에서 입적하셨습니다.

한의사가 방에서 나와, 청년에게 하산을 하겠느냐고 묻습니다. "저는 절에서 살기로 결심했습니다." 그러자 한의사는 "문턱을 넘어라."고 합니다. 그 말뜻을 알아듣지 못하는 청년을 보고 한의사는 이렇게 말합니다.

"네 스승이 하산하는 것을 허락했다. 그러니 호랑이를 잡으려면 호랑이 굴로 가야 될 것 아니냐."

"무슨 뜻입니까?"

"호랑이가 나를 물었기 때문에, 호랑이가 내 부모를 물어 죽였기 때문에 그 보복으로 호랑이를 죽여야겠다는 생각은 어리석은 생각이다. 그렇다고 죽은 사람이 살아나는 것도 아니고 호랑이의 죽음으로 또 다른 원한이 생길 테니까 말이다. 그러나 지금도 그 호랑이는 많은 사람을 물어 죽이고 있다. 바로 그 때문에 호랑이를 잡아죽이는 것이 마땅한 일임을 잊지 말아야 하느니라."

이것이 한의 사회화입니다. 그 독재자가 내 부모를 죽였기 때문에 원수를 갚는다는 생각은 하나의 원한이지만, 내 부모가 죽었을 때 느꼈던 그 쓰라린 아픔을 다른 사람들이 더 이상 당하지 않도록 하기 위해서 바로 그 독재자를 제거하지 않으면 안 된다는 것입니다.

청년에게 원한심을 버릴 것을 항상 주지시킨 스님 자신도,

출가하기 전 자신의 아내와 딸자식까지 세도가에게 죽임을 당했던 분이었습니다.

그 스님이 '모든 원한심을 버려라.'고 한 말은 원한심을 몰라서 한 것이 아니라 증오에 찬 눈으로는 사물을 바로 볼 수 없기 때문에 아무런 문제 해결도 할 수 없다는 뜻이었지요. 반면에 마음의 평정을 얻고, 지금도 고통스럽게 죽어 가는 사람의 처지에 서게 될 때 어떻게 문제를 해결할 것인지에 대한 바른 답이 나올 수 있는 것입니다. 이는 곧 개인적 복수심은 버리되 잘못된 제도나 독재자의 횡포로 다수의 대중이 고통받고 있을 때 그 고통을 제거하는 실천은 중요한 의미가 있다는 뜻이지요.

화살은 시위를 떠났다

여기서는 이미 자기 원한을 넘어선 상태이므로, 어떤 면에서 자기 원한을 갖고 있을 때보다 훨씬 더 큰 한의 동력을 갖고 아픔을 주는 원인을 제거할 수 있게 됩니다. 이러한 인간의 마음에서 문제를 풀 수 있는 객관적인 관찰 능력과 한을 풀려는 줄기찬 원동력이 나오는 것이지요.

그래서 청년이 "어떻게 제가 할 수 있습니까. 이제껏 두 번이나 시도하다가 실패하지 않았습니까?" "이미 화살은 시위를 떠났다."고 일러 주고 한의사는 떠나 버렸습니다.

시위를 떠난 화살은 곧 내 손에서 떠난 계란과 같아서, 계란이 바위에 떨어져 깨질까 안깨질까로 고민하는 것은 어리석은 짓입니다. 이미 계란이 손에서 떠나 바위를 향했다면 앞으로 계란이 깨지는 일만 남았지, 계란이 깨지면 어쩌나 하는 생각은 무의미하고 어리석은 고민일 뿐입니다.

　　이 때 청년이 스님의 입적 소식을 듣고 부리나케 방으로 뛰어드니 스승님은 많은 스님들에 의해 둘러싸여 계셨습니다. 스승에 대한 죄책감으로 흐느끼는 청년을 주위에 있던 스님들이 "네가 무슨 면목으로 이 자리에 설 수 있느냐."고 쫓아 냅니다.

　　그러자 그 자리에서 청년은 자기가 갖고 있던 칼로 자기 눈을 찔러 버리지요. 여기에는 두 가지 이유가 있을 수 있습니다. 하나는 자신의 잘못된 생각 때문에, 문제 해결에 아무런 도움이 안 되면서 결국 스승을 죽이는 괴로움만 남게 한 자기 눈에 대한 그리고 자기 어리석음에 대한 응징이라 볼 수 있습니다. 다른 하나는 철저한 자기 위장이라고도 볼 수 있겠지요. 애꾸눈이 되면 아무도 자기를 알아볼 수 없기 때문입니다. 이제야말로 이 청년은 산밑으로 내려가 본격적으로 문제를 풀기 위해서 나섭니다.

　　여기서 중요한 핵심은 한(恨)의 사회화(社會化)입니다.

　　한 인간에 대한 증오심은 중요한 것이 아닙니다. 그러나 인간을 끝없이 고통스럽게 하고 그것을 온존케 하는 제도는 반드시 극복되어야 합니다. 그것은 그 어떠한 개인의 복수심보다 더 치열한 힘인 한(恨)이 없이는 해결될 수 없기 때문입니다.

지금도 지옥에서 고통받고 있는 사람, 다른 사람이나 스스로 마음을 잘못 써서 생긴 문제이든 관계없이 고통받고 있는 사람들에 대한 너무나 큰 아픔이 곧 보살심의 출발입니다. 그러므로 그 아픔을 치료하고 정토 사회를 건설하기 위해서는 삼천대천 세계의 겨자씨 만한 땅도 자신의 피와 땀으로 이루어지지 않은 것이 없을 정도로 투철한 수행을 해 나가야 합니다. 이러한 보살 사상이 〈화엄경〉이나 〈법화경〉의 가장 중요한 부분을 이루고 있습니다.

아픔의 현장에서 실제로 부딪치기

우리들이 불교 책을 볼 때 내용이 너무 추상적이어서 책 속에 담겨 있는 진정한 뜻이 쉽사리 다가오지 않을 때가 많습니다. 언젠가 신문을 보니까 원효에 대한 전문가로서 대승 사상의 제일인자로 알려져 있는 분이 보살행에 대해 언급한 기사가 있었습니다. '자기를 버리고 남을 이롭게 하는 이타 사상이 보살의 핵심 사상이고 불교의 정수.'라고 썼더군요.

그런데 일전에 불교 신문의 한 기자가 '오늘날 산업 재해의 문제'를 다루고자 그 박사에게 찾아가서 불교적 시각해서 볼 때 열악한 조건에서 발생하는 산업 재해를 어떻게 설명해야 될 것인지를 물었습니다. 그랬더니 "나는 원효나 대승 사상을 전공했지, 산업 공해나 산업 재해에 대해서는 잘 모른다."는 대답뿐이었답니다.

이처럼 보살 사상이나 불교의 정수를 해박하게 알고 있다 해도 그 실천적인 의미를 모른다면 결국 보살을 팔고 이타 사상을 팔아 이기를 추구하는 것밖에 안 됩니다.

중생 구제를 백 번 외운다고 해서, 중생 구제하는 방법에 대한 유명한 논문으로 박사 학위를 몇 개씩 딴다고 해서, 민중 구제를 외치고 민중의 나라를 세워야 한다는 말만 한다고 해서 결코 보살이 될 수는 없습니다.

가장 중요한 것은 민중의 아픔을 해결하고자 하는 마음이 마치 자기 문제를 해결하려는 마음만큼이나 가슴에 절실하게 다가올 때만 문제를 해결하는 실천적 행위로 귀결된다는 것입니다. 민중을 깨우치고 민중이 역사의 주체가 되도록 서로 대화하고 학습하고 논쟁하는 일을 아무리 밤새워 한다 해도 아픔을 동력으로 하는 치열한 실천이 따르지 않고서는 결코 대중이 역사의 전면에 등장할 수 없는 것입니다.

사상이라는 것은 책상 위에서 이야기로 되는 것이 아닙니다. 바로 한 사람이라도 깨우치고, 민중이 자신의 힘을 믿고 인생의 주체로 등장하도록 실제로 부딪쳐 보는 것이 중요합니다. 그럴 때만이 대중의 진정한 요구가 무엇인지를 구체적으로 알게 되고 스스로 겸손해질 수 있습니다.

잘못된 보살행은 중생 삶만 못하다

저는 오늘날 사회 운동이나 불교 운동을 하는 많은 젊은이들이 진심으로 자기를 버리고 밤낮을 가리지 않고 헌신적으로 활동하는 것에 대해서는 경의를 표합니다. 그러나 그러한 헌신에도 늘 부족하다고 생각되는 것은 무엇일까요?

대중에게 실질적인 의미가 없는 것을 갖고 논쟁하고, 너무도 쉽게 분열하며, 자신의 문제를 해결하려는 열성으로 좀 더 치열하게, 더 헌신적이지 못하다고 생각합니다. 그것은 아마도 낭만적으로 연애하듯 재미삼아 일을 하거나 어떤 면으로는 출세의 다른 표현으로 삼는 게 아닌가 싶을 때도 있습니다.

불교 활동이나 사회 활동의 내면에 출세 지향적인 사고 방식이 은연 중에라도 깔려 있기 때문에 끊임없이 분열하고, 주도권을 다투는 사소한 문제 때문에 논쟁하고 있다고 생각합니다. 물론 모두 나쁘다는 의미는 아니지만 왜 대중의 이해와는 무관한 그리고 보살행의 취지와도 유리된 문제들이 극복되지 못하는가 하는 것입니다.

지금 감옥에 있거나 고통에서 한을 품으며 사는 사람들의 아픔은 한시가 급한 문제입니다. 그런 화급한 문제를 풀기 위해서는 적어도 역사의 발전을 믿는 사람이라고 할 때 언제 어디서든지 혼신의 힘을 다해서 일해야 되는데도 마땅히 집중해야 될 일은 제쳐놓은 채, 사소한 감정이나 오해로 인간 관계나 자신과 집단의 이기심이 서로 대립하고 반목하여, 아무런 힘도 되지 않는 일에 중요한 시간과 능력들을 낭비해서는 안 될 것입니다.

어쩌면 그 이유는 분명한 지도 모릅니다. 즉 그 아픔의 한이, 그 다급함이 자신의 문제가 아니라는 생각 때문이지요. 그들의 행위를 그저 비판만 하려는 뜻은 아닙니다. 오히려 이러한 비판을 할 수 있는 것도 그들이 보살행을 하려는 사람들이기에 가능한 것이고 그래서 더더욱 이것을 바로 극복하지 않으면 안 된다는 것이지요.

결국 이러한 문제가 극복되어야만 진정으로 역사 발전에 도움을 주는 보살이 될 것이고, 그렇지 못하면 보살행을 하지 않고 그냥 중생 삶을 사는 사람들보다 더 큰 폐해를 끼치게 된다는 것입니다.

왜냐고요? 보살행은 다수 대중에게 영향을 미치는 행위이기 때문입니다.

좋은 취지로 시작된 운전이라도 운전 미숙이나 음주 운전으로 승객들을 목적지까지 안전하게 모실 수 없다면 그 결과는 불을 보듯 뻔한 일이니까요. 이런 이유에서 우리는 자신의 아픔을 사회화하고 사회적인 제 문제를 자기화 하는 과정에서 자타일시 성불도 즉, 나와 이웃이 함께 성불의 길로 가는 그 길을 스스로 찾아 나서야 한다는 것입니다.

그 길에 동참하는 순간부터 자신의 삶이 얼마나 거룩하고 보람에 찬 인생으로 새롭게 태어나게 되는 지를 발견할 것입니다.

크게 의심하고 크게 분노하라

서산대사께서는 올바른 수행을 하기 위해서는
세 가지 요건을 갖추어야 한다고 말씀하셨습니다.
첫째, 큰신심(大信心)입니다. 깨달음, 즉 법칙을 깨닫고
진실을 깨달아 얻어진 것에 대한 굳건한 믿음입니다.
둘째, 큰분심(大憤心)입니다. 우리들이 진실을 깨닫고
진실에 대한 믿음이 강하면 강할수록 거짓에 대한 분노가 있어야 합니다.
이 분심이 진리를 실현해 나가는 원동력이 됩니다.
셋째, 큰의심(大疑心)입니다. 크게 의심하는 데서 크게 깨칠 수 있습니다.

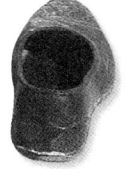

관념적 사고에서 창조적 사고로

　우리들의 생각이란 과연 어떻게 해서 일어나는지 생각해 봅시다. "아, 그것은 내 생각이다."라고 말할 때가 있지요. 또는 누군가 뭐라고 말하면 "그것은 네 생각 아니냐, 내 생각은 너와 다르다."라고 말할 때의 그 생각은 무엇일까요?

　생각이라는 것이 본래 나에게 있었습니까? 나와 너의 생각이 다르다 함은 나에게 본래 따로 생각이 있었고 너에게도 본래 생각이 있었으므로 그 두 개의 생각이 다르다는 것일까요?

　부싯돌 두 개를 부딪치면 불꽃이 생깁니다. 이 때 생긴 불꽃은 원래 돌 속에 포함되어 있다가 나타났습니까? 혹은 돌 밖에 있다가 나타났습니까? 아니면 없던 것이 새로 생겼나요? 혹은 본래 있던 것이 다시 나타난 것일까요?

기존 관념의 허구성을 보라

북한산에 가 보면 아주 멋있고 잘 생긴 바위가 많이 있습니다. 그처럼 모양이 좋은 바위 밑에는 조그만 샘이 하나 있습니다. 그 샘 옆을 지나가던 사람들이 물도 먹지만 그 곳에 앉아 앞을 내려다보면 산 경치도 수려하고 뒤편의 장엄한 바위가 그늘까지 드리우고 있어 뭔지 모를 신비한 기분에 싸이게 되지요.

한번은 어떤 할머니가 그 바위 밑에 와서 촛불을 켜고 샘에서 길어 온 물을 떠놓고 혼자서 조용히 기도를 합니다.

'북한산 산신령님, 우리 집안을 평안하게 해주십시오.'

그리고 세월이 한참 흘렀습니다.

또 어떤 사람이 큰 망치와 정을 가지고 올라와서는 그 바위의 평평한 면에 무엇인가를 새깁니다. 며칠 지나 보니 불상이 새겨졌어요. 또 한 노인이 올라오더니 불상이 새겨진 바위 앞에서 촛불을 켜고 물을 떠놓고 기도합니다.

'부처님, 우리 집안이 평안하도록 해주십시오.'

그리고 세월이 한참 흘렀습니다.

또 어떤 사람이 빨간 페인트 통을 하나 들고 올라오더니 그 바위에 크게 십자가를 그어 놓자 어느 부인이 그 앞에 앉아 기도합니다.

'하느님, 우리 집안을 평안하게 해주십시오.'

어떻습니까? 이 세 사람의 종교가 같을까요? 아니면 전혀 다를까요? 한 사람은 신령님을 믿고, 한 사람은 부처님을 믿고, 한 사람은 하느님을 믿습니다. 한 사람은 바위 앞에 주저앉아서 손을 마주 비비며 기도하고, 한 사람은 무릎 꿇고 합장한 채 기도하고, 한 사람은 두 손을 마주 잡고 기도를 했어요.

우리가 믿는 종교의 차이점이란 것이 바로 이런 것이 아닐까요?

절에 다니는 것과 교회에 다니는 것의 차이는 도대체 어디에 있습니까? 법당 중앙에 있는 부처님 형상을 치우고 십자가를 달아 놓아도 별 차이가 없지 않을까요? 부처님이라는 이름을 하느님으로 대치하면 어떻겠습니까? 여기 앉아 있는 저를 스님 대신 목사라고 칭하면 어떨까요? 별로 상관이 없겠지요. 그런데 왜 종교가 다르다고 서로 싸울까요?

또 한발 더 나아가서 예전부터 전해져 온 우리 선조들의 신앙이 왜 미신입니까? 미신과 미신이 아닌 신앙과 차이는 무엇일까요? 신령이라 부르면 미신이고, 하느님이라 부르면 고등 종교가 되는 것일까요?

우리들이 이제껏 옳다, 그르다는 가치 판단을 하는 경우, 대부분은 실제로 옳은 것이 있고 그른 것도 있고 또 좋은 것이 있고 나쁜 것이 있어서 어떤 한쪽으로 단정을 내리기 보다는 이제까지 그렇게 배워서 외웠기 때문이 아닌가를 한번 생각해 보세요.

갑과 을이 있을 때 갑은 좋고 을이 나쁘다는 생각을 한다고 합시다. 그것은 갑이 본래 좋고 을은 본래 나쁘기 때문에 그런 판단을 한 것이 아니라, 그 자체의 성질과는 관계없이 갑을 처음 배울 때 좋은 것이라고 배웠기에 좋은 것이 되고 을은 나쁜 것이라고 배웠기 때문에 나쁘다고 여기는 것이 아닐까요?

우리들이 갖고 있는 윤리 도덕관과 여러 가지 가치를 판단하는 기준이 우리가 생각한 것처럼 사실인가의 문제에 대해 생각해 보십시오. 또 우리가 사는 이 세상에는 정·부정관이라는 것이 존재합니다. 여기서 정(淨)이란 신성하다는 개념이고 부정(不淨)이란 그 반대를 의미합니다.

흔한 예를 하나 들어 봅시다.

예로부터 우리는 여자를 부정하게 보는 생각을 갖고 생활해 왔습니다. 첫손님으로 여자가 가게에 들어오면 재수가 없다, 택시 기사는 첫손님으로 여자를 안 태운다, 음력 정월 초하룻날 첫손님으로 여자가 오면 불길하다는 등 하나같이 여자에 대한 부정관에 기인하여 나온 말들입니다. 또 잔칫집 떡은 맛있게 먹어도 장례집에서 가져온 음식은 부정하다는 생각으로 먹지 못하게 했습니다. 또 마을 제사를 지내는 나무나 신주 단지 같은 경우는 매우 신성시했습니다.

인도인은 훨씬 심하여 이 세상에 존재하는 모든 물질에는 반드시 정(淨)한 것과 부정(不淨)한 것으로 나뉘어져 그 성질이 각각 정해져 있다고 생각했습니다. 동물에 대한 생각도 마찬가지로 소에는 어떤 신성한 성질이 있다고 해서 귀중히 여기고 사람도 계급에 따라 정·부정으로 나누어졌습니다.

위생적으로는 깨끗하고 더러움이 있을 수 있지만 과연 존재하는 모든 물질이나 장소, 사람에 신성함이나 부정함이 별도로 규정될 수 있을까요? 사람이 좀 미련하면 소에 비유하고, 많이 먹으면 돼지에 비유하고, 간사하면 여우에 비유하지만 과연 소는 미련하고 돼지는 많이 먹고 여우는 간사할까요? 혹시 우리가 그렇게 배워 왔기 때문에 갖고 있는 생각은 아닐까요? 실제 그 사람이 갖고 있는 성질과 우리가 생각하는 것이 일치하는가의 문제입니다.

우리는 학교 교육을 통해서 소련은 공산주의 국가로 적대시해야 할 매우 나쁜 나라라고 배워 오지 않았습니까? 하지만 지금은 서로 무역 거래도 하고 국교 수립을 해서 친교를 더욱 강화해가고 있습니다. 갑자기 악이 선으로 바뀐 것일까요?

똑같은 놋쇠를 가지고 두 가지 모형의 그릇을 만들었다고 합시다. (가)형의 그릇에 물을 담아서 부처님 앞에 올립니다. 그러면 이 놋쇠 그릇은 아주 신성한 청수 그릇, 다기 그릇이 되겠지요. (나)형의 그릇은 방 안에 두어 소변을 받게 합니다. 그럼 이 놋쇠 그릇은 부정한 것으로 느껴집니다. 과연 부처님 앞에 올리는 다기 그릇 속에 신성한 어떤 성질이 있어서 신성시하는 것일까요? 아닙니다. 우리가 법당에서 쓰는 그릇은 신성하다고 배웠기 때문에 그렇게 여기는 것일 뿐입니다.

현실을 있는 그대로 보라

제가 여러 이야기를 계속하는 이유는 우리들이 믿고 있는 생각이라는 것, 믿음이라는 것, 옳고 그름을 판단하는 기준 등을 전면적으로 부정하지 않고는 깨달음의 길로 들어서기란 어렵다는 것을 다시 한번 짚고 넘어가기 위해서였습니다.

우리들이 갖고 있는 생각은 본래부터 있었던 것이 아니고 자기가 태어난 사회 환경에서 보고 듣고 느끼는 가운데 형성된 것입니다. 각자 주인으로서 가치관을 갖지 못하고 즉, 사물의 원리를 찾고 합리적 방법을 찾아 스스로 생각하는 학교 교육을 받지 못하고, 뭐든지 '그런 줄 알아라.' 는 식의 주입식 교육을 받았기 때문에 우리들의 사고는 매우 경직되어 있습니다. 결국 우리들의 생각 중에는 사물의 모습을 있는 그대로 받아들여서 이루어진 것도 있지만, 상당 부분은 사실과 무관하게 왜곡된 것도 있습니다.

꽃을 예로 들어 봅시다. 우리는 장미꽃의 빛깔, 그 모양새를 꽃밭에서 직접 보아야 알기도 하지만, 훨씬 더 많은 사람들은 장미꽃을 본 적도 없이 장미꽃은 빨갛고 가시가 돋쳤다는 설명을 통해서 먼저 알아버립니다. 실제로 장미꽃을 안 보고도 다 알고 있다고 생각하는 식이지요.

사실, 우리들이 알고 있는 것 중에서 어느 만큼이 진실이고 그렇지 않은지는 현재로서는 알 수 없습니다. 그러므로 일단은 자기가 알고 있는 것을 전면적으로 부정한 위에서 사물을 있는 그대로 보고, 실제 검증된 것으로 자기 세계를 새롭게 꾸며야 합니다.

관념은 진실을 가리운다

그런데 우리가 알고 있는 것들을 어떻게 검증할 수 있을까요? 사물을 꼭 한번씩 눈으로 본다고 해서 검증되는 것일까요?

우리들의 의식이란 본래 있는 것이 아닙니다. 마치 부싯돌 두 개가 부딪쳐서 불이 일어나는 것처럼 우리들의 의식도 부딪침으로써 일어나는 것입니다.

우리들의 바깥 세계, 객관 세계 또는 인식 대상과 나의 여섯 가지 감각 기관 즉, 눈·귀·코·혀·피부·뇌수가 부딪쳤을 때 인식 활동이라는 의식이 형성됩니다. 그러므로 바깥 대상이 바뀌면 나의 인식 활동, 소위 의식도 자연히 바뀌게 됩니다. 이렇게 형성된 의식은 금방 사라져 버리기도 하지만 그 중 상당 부분은 뇌에 저장되어 남습니다. 이 저장된 의식은 다음 인식 활동이 일어날 때 즉, 인식 기관과 인식 대상이 부딪쳐서 새로운 의식이 일어날 때 영향을 줍니다. 가령 장미꽃이란 물체가 여기에 존재한다 했을 때 내가 그 꽃을 보지 않고도, 냄새 맡지도, 맛보고 만져 보지도 않고 제대로 안다는 것은 결코 있을 수가 없습니다.

반드시 장미꽃이라는 물체가 있고 또 내가 보아야만 알 수 있는 것입니다. 장미꽃이 없다면 나는 그 존재를 알 수 없고, 장미꽃이 있다 하더라도 나의 여섯 가지 감각 기관이 모두 막혀 있다면 역시 그 존재를 알 수 없지요. 인식 기관과 인식 대상이 부딪칠 때만 장미꽃이라는 실체를 파악할 수 있습니다.

내가 무엇인가를 처음 눈으로 보고 냄새를 맡을 때, 누군가가 옆에서 이것이 장미꽃이라고 하는 소리를 들으면, 보고 냄새 맡은 것과 귀로 들은 것이 결합되어 하나의 장미꽃이라는 의식이 형성됩니다. 두 번째로 내가 다시 장미꽃을 보았을 때 내 머리에서 저절로 저것은 장미꽃이라는 생각이 일어나게 되지요. 이 생각은 바로 이전에 이미 형성되었던 의식의 작용을 통해서 일어나는 것입니다.

그전에 한번 이상 형성된 의식이 없다면 꽃을 보고도 장미꽃이라는 생각이 일어나지 않습니다. 그러나 누군가 옆에서 이것은 진달래라고 말해 주면 내 마음에서는 '아니다, 그것은 장미꽃이다.'라고 반발하고 내 생각이 옳다고 주장하게 되지요. 만약 내가 장미꽃을 한번도 본 적이 없는 사람에게 장미꽃을 가리키며 진달래라고 일러 주면 아무 반감 없이 그 꽃을 그대로 진달래라고 믿을 것입니다. 하지만 그 꽃이 장미꽃이라는 얘기를 들은 적이 있다면 다음에 누군가 같은 꽃을 놓고 진달래라고 얘기할 때는 당장 부정을 하게됩니다. 이 '아니다'라는 생각에는 내가 잘 알고 네가 틀렸다는 주장이 그 바탕에서 작용하는 탓입니다.

하지만 이것은 단지 처음 기억이 장미였기 때문에 두 번째도 장미라는 생각이 곧바로 일어난 것에 불과합니다.

만약 처음부터 장미꽃을 진달래라고 가르쳐 주었다면 그 사람은 계속 그 꽃을 진달래로 외우고 있을 것입니다. 그러면, 다음에 장미꽃을 보더라도 그 사람은 진달래라고 생각하겠지요. 하지만 이 때도 다른 사람이 '그것은 진달래가 아니라 장미꽃이다.' 하고 얘기해도, 그 사람은 '네 생각이 틀렸어.' 하고 인식하겠지요.

이처럼 사물에 따르는 명칭은 우선 우리들에게 커다란 이로움을 줍니다. 장미라는 말 한 마디에 우리들 모두 장미의 보편적인 모습을 상상할 수 있습니다. 명칭이란 인간이 의사를 전달하는 과정에서 대단히 유용한 것입니다.

반면에 인간이 창조적일 수 없는, 종속적일 수밖에 없는 함정이 또한 그 안에 들어 있습니다. 사람들에게 똑같은 생각을 불러일으키는 장점이 있는 반면, 그것이 사실이 아닐 때 모든 사람이 다 틀리게 인식하는 결과를 초래할 수도 있습니다. 그러므로 우리가 무엇을 한번 듣고 오래 기억하는 것은 좋은 점이 될 수도 있는 반면 굉장한 편견으로 자리잡을 수도 있음을 유념해야 합니다.

만약 제가 어떤 사람을 가까이서 몇 번 만나 보고 성질이 좋지 않음을 파악했다고 합시다. 상대방이 파악할 수 있는 능력이 있음은 하나의 장점으로 작용하기도 하지만 역작용을 할 때도 있습니다.

그 사람이 일 년 뒤에 변화한 모습으로 다시 나타났을 때, 그 사람을 처음 본 사람은 변한 모습 그대로를 볼 수 있지만 일 년 전에 그 사람을 본 적이 있는 사람은 과거의 편견 때문에 변화된 모습을 잘 볼 수가 없지요. 이미 축적되어 있는 생각은 유용하기도 하지만 또한 잘못을 범할 요소도 안고 있습니다.

소련에 대한 인식도 마찬가집니다. 소련에 대한 아무런 상식도 없는 사람은 소련 사람의 행위나 문화를 통해서 소련에 대한 이해를 보다 정확하고 진실되게 할 수 있는 반면 소련에 대한 부정적인 이야기를 많이 들은 사람은 소련의 있는 그대로의 모습을 보지 못하고 큰 오류를 범하게 됩니다.

똑같은 사물을 보고도 사람마다 생각이 다른 것은, 그전에 자신이 가졌던 정보가 현재의 인식 활동에 어떠한 영향을 미치느냐에 따라서 전혀 다른 생각을 불러일으키기 때문이지요. 그래서 사물의 실상을 있는 그대로 파악하는 데 있어 우리들의 기억력이 장애가 될 때도 있습니다.

관념의 세계에서 깨달음의 길로

이제 제일 처음에, 북한산 바위를 예로 들었던 문제로 돌아가 봅시다.

바위를 자연 형태로 그대로 두나 사람 모양으로 다듬어 놓으나 그 위에 빨간 페인트로 십자가를 그려 놓으나 바위임에는 틀림 없습니다. 또한 바위에 대한 호칭이 신령님이건 부처님이건 하느님이건 사실은 아무 차이가 없습니다. 이름은 짓기 나름이니까요. 꽃 이름이 장미라고 하여 본래부터 장미입니까? 처음부터 그렇게 이름을 짓고 불렀기 때문에 장미라는 꽃 이름이 붙은 것입니다.

마찬가지로 처음 바위에 이름을 붙일 때, 신령님이라고 지을 것인지 부처님이라고 지을 것인지 하느님이라고 지을 것인지는 다 짓기 나름이지요. 또 바위 앞에 앉는 사람의 모습은 편안하게 앉을 수도 있고, 무릎 꿇고 앉을 수도 있습니다. 또한 각자 정성을 표현하는 손의 모습도 다양하게 표출할 수 있습니다.

그런데 왜 세 종교가 서로 다르다고 말할까요? 특히 신령님을 찾는 종교를 왜 샤머니즘이라 하며 미신이라고 합니까? 실제로 미신적인 요소가 있기 때문에 미신이라고 부르는 것이 아니라 그러한 것을 미신이라고 배웠기 때문에 미신이라고 단정짓는 것입니다.

사물을 있는 그대로 볼 수 있는 사람이라면, 셋 모두 현상은 다르지만 똑같은 대상과 똑같은 명칭으로 자신의 집에 평안을 기원하는 동일한 마음이 작용하고 있음을 알아보고 세 종교를 다 같은 종교로 보겠지요. 세 종교가 모두 다르다고 보는 것은, 있는 그대로의 모습을 보지 못하고 겉으로 드러난 껍질만 보기 때문에 일어난 견해입니다.

물을 떠먹는 그릇을 보고 어떤 이는 잔이라 부르고 어떤 이는 컵이라 부르기도 합니다. 컵이나 잔, 이 두 단어는 모두 똑같은 물체를 놓고 각기 다르게 불려지는 것에 불과하지만 우리는 현상에 정신이 팔려 전혀 다른 문제로 생각합니다.

지금 우리들이 같은 문제라고 느낀다면 그것은 제가 같다고 설명하기 때문에 그렇게 보일 수도 있습니다. 가령 초등학교 때에, 신령님을 믿는 종교는 고등 종교이며 하느님이나 부처님을 믿는 종교는 원시 종교라고 배웠다면 어떻게 되겠습니까? 지금의 종교관과는 반대가 되겠지요.

그럼 미신은 무엇일까요? 사물을 있는 그대로 볼 수 없는 눈을 갖고, 믿기는 믿지만 잘못된 믿음을 갖는 것을 미신이라고 합니다. 신령이나 귀신이라고 부르기 때문에 미신이 아니라 잘못된 믿음을 가지면 그것이 미신입니다.

깨달음은 잘못된 믿음을 버리고 사물의 있는 그대로의 모습을 보는 것이며 이를 지혜라 말하기도 합니다. 불교는 앞의 예를 든 세 가지 경우 중 어느 하나에 속하는 것이 아니라 바로 그 셋은 서로 다른 것이 아님을 수행을 통해 알 수 있는 것이 불교입니다.

환경의 변화에 따라 의식도 변한다

우리들의 의식이 어떻게 형성되고 작용하는 지에 대해 교리적으로 설명한 것이 12처 18계설이며 오온설입니다. 왜 복잡하게 의식의 생성 또는 의식의 존재를 설명하고 있을까요? 그것은 의식이 어떻게 형성되고 존재하는가를 정확히 알 때 바로 이 미혹, 어리석음을 깨뜨릴 수 있기 때문입니다.

복잡한 교리를 지식으로 간직하는 것이 중요한 것이 아니라 미혹을 깨뜨리기 위해 이 어리석음이 어떻게 형성되었는가를 철저히 규명하는 것이 중요합니다.

먼저, 현재 남녀에 대한 통상적인 윤리관을 봅시다.

보통 우리들은 결혼 적령기를 여자는 약 24, 5세 정도이고 남자는 27, 8세 정도가 가장 적당하다고 판단합니다. 왜 그런 생각이 일어났을까요? 주변 사람들이 그렇게 하는 것을 보고 듣고 느끼기 때문에 우리들에게 그런 생각이 일어난 것이지요.

만약 육체적인 조건을 따져서 정한다면 즉, 동물처럼 교배해서 종족을 번식할 수 있는가의 여부를 따질 때는 결혼 연령이 어떻게 되겠습니까? 사춘기가 지나면 모두 결혼이 가능할 것입니다. 옛날에는 풍속에 따라 사춘기 이전에 결혼을 한 반면에, 요즘은 갈수록 결혼 연령이 남녀를 불문하고 늦어지고 있지요.

이조 말엽만 하더라도 여자가 남자보다 한 3~4세 많았고, 결혼 시기도 남자는 보통 14, 5세이고 여자는 17세 정도였습니다. 또 외국의 경우에는 나이 차가 많이 나더라도 결혼하는 예를 흔하게 볼 수 있지요. 즉, 우리들의 결혼에 대한 생각도 본래 언제 결혼하는 것이 좋다는 원칙이 있어서 형성된 것이 아니라, 주변 환경이 우리의 생각에 영향을 주어 결정된 것입니다.

현재 우리 나라 결혼 관습은, 남녀의 나이 차이가 없지만 보통은 남자가 2~3살 많은 경우를 이상적이라고 여기는 추세입니다. 그러나 10살 이상 차이가 나면 비정상적으로 보지요. 이렇게 2, 3살의 연령 차가 보편화된 것은 의무병 제도 때문입니다. 남자들이 군대에 가서 3년간 격리되므로 정신 연령이나 여러 가지 생활 조건이 서로 맞으려면 그만큼 나이 차이가 자연스레 요구될 수밖에 없었습니다. 최근에 와서 생긴 우리의 관습을, 마치 결혼 연령의 차이가 당연한 것으로 생각하기 쉽습니다.

우리들의 의식이란 사회적 존재로부터 형성된 것입니다. 그러므로 관습이든 윤리든 도덕이든 본래부터 옳은 것은 없고, 사람들이 보편적으로 생각하는 부분에 자기 자신도 모르는 사이 길들여져 있는 것입니다. 만일 사회적인 제 관계가 바뀐다면 어떻게 될까요?

나의 의식 또한 바뀝니다. 몇 해 전만 해도 공산주의에 반대하는 분위기에서는 소련과 적대적인 관계가 있었지만, 요즘 전반적인 사회 분위기는 소련과 중국에 대해서 차츰 우호적인 방향으로 흐릅니다. 과거의 반소적인 분위기에서는 적대적인 사고의 벽이 쉽게 허물어질 수 없는 크고 두터운 것으로 알았지만, 사회 분위기가 급격하게 전환함에 따라 자신도 모르게 벽이 허물어지기 시작한 것을 느낄 수 있습니다.

이와 같이 반소적인 사회적 분위기가 팽배할 때 '무조건적인 반소 관념은 잘못되었다.'는 것을 지적하면서 왜곡된 시각을 고쳐 주는 것이 무척이나 힘들지만, 요즘과 같은 사회 변화에서는 설득할 필요조차 없게 됩니다.

결혼 연령에 대해서도 마찬가집니다. 남자의 나이가 여자보다 3, 4세 많은 것이 정상적이라고 여긴 사회에서 남녀간의 연령 차이라는 것이 본래 정해져 있지 않고 서로 사랑하는 사이라면 나이와 관계없이 결혼할 수 있다는 생각으로 바뀌려면, 또 더 나아가서 사회적으로 실천이 되려면 지난한 노력이 요구됩니다. 남자의 나이가 여자보다 4, 5세 적어도 괜찮다는 인식이 사회적으로 보편화된다면, 굳이 설명하지 않아도 되겠지요.

결국 우리들의 의식은 사회적 존재로부터 형성된 것이고, 사회적인 존재가 바뀌면 우리들의 의식 또한 바뀝니다.

깨달음은 사회 개조를 수반한다

일체 생명 가진 자를 구제하라

사회적 존재가 바뀌지 않으면 우리들의 의식은 절대로 바뀌지 않을까요? 보편적으로는 사회적 존재의 변화에 따라 의식도 또한 변화하지만, 때로는 사회 전체의 분위기가 변화하지 않더라도 개인의 의식은 변화할 수 있습니다. 즉, 내 주위의 누군가로부터 '이것은 잘못되었다.' 라는 말을 듣고 깨달음의 의식을 갖게 되면 의식이 바뀔 수 있습니다.

예를 들면 예로부터 대부분의 여성들은 남성들에 비해 자신을 열등한 존재로 여기고 생활했는데, 과연 여성이 열등한가의 문제를 생각해 봅시다.

세계사를 보면, 계급 사회의 형성과 동시에 남녀 차별 의식이 발생합니다. 계급 사회에서 사람들은 여성을 남자보다 열등한 존재로 인식합니다. 하지만 사회적 조건들이 변화되어 남녀 차별의 사회 제도가 없어져 버린다면 사람들의 인식 또한 변하게 됩니다.

본래 남녀간에 절대적 차별이 없음을 안다면 굳이 열등 의식을 가질 필요가 없음을 자각할 수 있지요. 그러면 곧 열등 의식이 사라질 수 있습니다. 허나 자각한다고 해서 열등 의식이 완전하게 사라지지는 않습니다. 열등 의식을 조장하는 사회 제도를 바꾸어야만 없어지게 됩니다.

그럼 누가 그 조건을 바꿀 수 있나요? 소위 자각한 선각자들의 집단적 노력으로 사회가 바뀌어지면, 자각하지 못한 사람들까지도 의식이 바뀔 수 있습니다.

여기서 자각이란 두 가지를 의미합니다.

현재 우리는 우리 사회의 모든 문제 중에서 무엇이 잘못되었는지를 알고 있는 것도 있지만 무엇이 잘못되었는지를 모르는 부분도 상당히 많습니다. 물론 잘못된 문제를 못 고치는 경우도 있지만, 아예 문제 자체를 자각하지 못하는 경우도 있습니다.

따라서 첫째, 어떤 사회적 조건에서든 바르게 자각하여 자기 인생의 주인이 되기 위한 깨달음이 필요합니다.

둘째, 자각을 미처 못 하고 있는 사람들까지도 자각하는 운동이 필연적으로 동반할 수밖에 없습니다. 나만 자각하고 다른 사람은 자각하지 못한 상태에 있는 경우, 다른 사람의 어리석음에 비해 상대적으로 자각하고 있는 나는 얼마나 행복할까를 생각할 수도 있지만 그것은 행복이 아닙니다.

모든 사람이 자각해야 진정한 행복이지, 나만 자각하고 다른 사람은 미혹에 있다면 그것은 어떤 면에서 고통입니다. 이런 의미에서 자각한 자는 함께 깨닫는 운동에 동참할 수밖에 없습니다. 자각한 뒤에, 만약 다른 사람을 자각하는 운동을 할까 말까를 망설인다면 그 자각은 진정한 자각이 아닙니다. 진정한 자각이라면 아무런 주저없이 곧바로 동참하는 것이며 이 둘은 구분되어질 수 없는 자연적 과정입니다.

그래서 〈금강경〉에 '아뇩다라삼먁삼보리심'을 발한 자, 소위 보살의 이야기가 나옵니다.

자각한 자는 어떻게 그 마음을 항복받고 어디에 의지해야 되느냐고 묻자, 부처님께서는 "일체 생명 가진 자를 구제하라."고 하셨습니다. 이 말은 자각한 보살은 일체 중생을 자각하는 운동으로 나아가라는 의미입니다.

깨달음은 창조적 실천의 출발이다

깨달음은 올바른 실천을 위한 하나의 출발에 불과합니다.

깨달음은 결코 종착역이 아니며 가장 바른 삶의 출발점에 놓여 있습니다. 불교에서 가장 잘못 인식되고 있는 문제는 깨달음을 삶의 끝으로 보는 데에 있습니다.

　깨달음이 창조적 삶의 출발이라고 한다면 깨닫기 이전의 삶은 종속적인 삶이라고 할 수 있습니다. 종속적인 삶은 육신을 살찌우기 위한 것이지 진정 자기를 위한 삶이 아닙니다.

　왜냐하면 남이 장에 간다고 자기도 덩달아 걸망 메고 장에 가는 격이지요. 밤에 전등 주위로 날파리가 모이 듯이 아무 목적 의식도 없이 그저 따라가는 것입니다. 이처럼 맹목적으로 따라다니는 삶을 중생의 삶이라고 말하지요. 중생이란 말에는 종속되었다는 의미도 내포되어 있고 무명이라는 의미도 내포되어 있습니다.

　결국 깨달음이란, 바로 종속된 틀에서 벗어난다는 뜻으로 즉, 자유나 해탈의 개념이며 또 밝지 못한 상태에서 벗어난 밝은 상태를 의미합니다.

　부처님 가르침의 핵심은 사람을 잠에서 깨어나게 하고 어둠을 밝게 하며 자유롭게 하는 데 있습니다. 우리들이 느끼는 고통의 원인은 자신의 삶이 종속되어 있고 억압받고 있으며 부자유한 현실에 있다고 봅니다. 그러므로 그 고통에서 벗어나는 것이 수행의 근본 목적이고 목표입니다.

　여기서 바로 가르침의 초점이 맞춰져 있습니다.

　우리가 불교를 행하면서도 어려운 점은 이런 것입니다. 경전을 외우거나 불교 관계 서적을 열심히 읽는다고 해서 우리 삶이 밝아지고 깨달아지고 자유로워지는가 하면 그렇지 않습니다. 오히려 똑같은 불교를 어떤 목적에서 배우느냐에 따라 달라집니다.

밝아지려고 자유로워지려고, 깨닫는데 도움이 되기 위해서 불교를 배우면 불교가 그 역할을 하고, 거꾸로 그러한 자기 목표나 의도도 전혀없이 불교 공부를 하게 되면 그 불교는 또 하나의 껍질을 만들 뿐입니다. 다시 말해 깨달음이라는 이름을 붙인 어리석음만 쌓는다는 것이지요.

깨달음이라는 용어를 쓴다고 해서 깨달음이 아니라 그것은 단지 허울에 불과할 뿐입니다.

관념을 깨는 깨달음의 일화

깨달음이란 무엇일까요?

어떻게 생각해야 깨달음을 얻을 수 있으며, 깨달음을 얻으면 사고가 어떻게 창조적으로 되는지를 얘기하고자 합니다. 여기서 창조력이란, 페인트 칠하듯 반복된 훈련으로 길들여진 숙련의 개념과는 다릅니다. 깨달음은 덮어쓰고 있는 것을 깨 버리거나 던져 버릴 때 드러나는 것입니다.

옛날에 어떤 사람이 도를 얻겠다고 발심하여 출가를 했습니다. 큰 절에 들어가 삼 년 간 공양주를 한 다음 스님이 되었어요. 그러자 스님으로서 지켜야 할 본분이 몇 가지 있었지요. 우선 조석 예불을 드리고, 가사 장삼을 법도에 맞추어 입고, 기도와 참선도 몸에 익혔습니다.

물론 계율도 엄격하게 지켰지요. 우리가 볼 때 아주 이상적인 수행 생활을 하였습니다.

그렇게 몇 해가 지나도 도가 열리지 않자, 스님 생각에 이 어수선한 곳을 떠나, 더 조용한 깊은 산 속에 들어가서 수행에만 전념하기로 결심합니다. 부처님께서 육 년 고행으로 도를 얻었으니 스님도 육 년은 할 생각으로 태백산 어느 깊은 골짜기로 들어가 정진을 시작했습니다.

이 스님의 일과표를 보면, 새벽 세 시에 일어나서 예불 모시고 기도하고 연이어 두 시간 동안 참선을 합니다. 아침 공양 후에도, 점심 공양 후에도, 저녁 공양 후에도 마찬가지로 수행 생활을 했습니다. 또 하루에 사분 정근을 했습니다.

보통 선방에서도 하루 8시간 하는 참선을 이 스님은 자는 시간 4시간을 제외하고는 온통 거기에다 바쳤습니다. 혼자 살다 보니 밥하는 것도 산에서 나무해 오는 일도 혼자 했음은 물론이지요.

그렇게 깊은 산에서 7년 간이나 정진했건만 자기 스스로 두 발로 일어섰다고 할 만한 것은 아직 얻어지지 못했습니다. 하지만 마음과 몸이 많이 단련이 되기는 했습니다. 부처님 앞에 서면 그 경건한 마음은 이루 말할 수 없을 정도였지요.

그러던 어느 겨울 날, 폭설이 내려 산 전체가 며칠씩 눈에 잠긴 적이 있었습니다. 마침 땔감도 떨어지고 양식까지 떨어지자 30리길이나 되는 마을로 내려가게 되었습니다. 눈길을 헤치고 마을에 가서 탁발로 양식과 장작을 얻어 한 짐 지고 산으로 다시 올라가려고 하는데 또 폭설이 내려서 도저히 올라갈 수 없는 형편이었습니다.

7년 동안 하루도 빠지지 않고 드렸던 예불을 못 한다고 생각하자 그 동안의 공부가 무너져 버리는 것이 아닌가 하여 조급한 마음에 억지로라도 올라가려 하였습니다. 허나 동네 사람들이 모두 말리는 바람에 어쩔 수 없이 5일 정도 마을에 더 머물게 되었습니다.

날도 풀리고 눈이 좀 녹자, 스님은 다시 산으로 올라왔습니다. 그런데 올라올 때는 분명 사람 발자국이 없었는데 암자의 방 앞 댓돌 위에 신발이 한 켤레 놓인 것이 보였습니다. 그 신발을 보는 순간 스님은 자책감이 들었습니다.

왜냐하면 댓돌 위에는 신발이 있는데 눈 위에 발자국이 없다는 것은 이 사람이 암자에 온 날짜가 바로 스님이 마을로 출발한 날임을 의미하고, 이 추운 겨울에 양식도 땔감도 없이 지냈을 것이니 분명 죽었을 것이라고 생각한 때문입니다. 즉, 그날 눈이 아무리 많이 왔어도 폭설을 뚫고 올라왔더라면 그 사람을 얼어 죽게 하지는 않았을텐데, 나 살자고 다른 사람을 얼어 죽인 결과를 초래했구나 하는 자책감이 든 것이지요.

그래서 매우 아픈 마음으로 방문을 열었습니다.

당연히 냉기가 서려 있으리라 생각하고 방문을 열어 보니 의

외로 더운 열기가 가득했습니다. 깜짝 놀라 방 안을 자세히 살펴보니 한 스님이 코를 골며 잠을 자고 있었습니다. 아무리 생각해 보아도 도저히 이해할 수 없는 상황이었지요. 일단 사람은 추위만 해결되면 배고픔을 며칠간 견딜 수 있다지만, 땔감 하나 없는 암자에서 어떻게 살아 있으며 더욱이 방 안에 열기까지 가득하니 어리둥절해질 수밖에 없었겠지요.

어쨌든 문을 닫고 법당으로 가서 삼배를 했습니다. 그리고 일어나서 부처님을 향해 섰는데, 삼존불 중 한 부처님이 없어진 것이 아니겠어요. 이것을 본 순간 스님은 이제까지의 의혹이 풀렸습니다. 땔감이 없는데 무엇으로 땠을까 하고 처음에 품었던 의심이 이제는 분노로 바뀌어 방으로 뛰어갔습니다.

스님은 객스님의 멱살을 잡고 "네가 그래도 부처님 밥을 먹고사는 명색이 중인데, 어떻게 불상을 갖다 땔 수 있느냐."고 야단을 쳤어요. 그러자 객스님이 "목 좀 놓으시오. 아주 급한 일이 있소." 하더니만 신발도 안 신고 부리나케 부엌으로 뛰어가더니 부지깽이로 재를 뒤지기 시작하는 것입니다.

의아하게 생각한 스님이 목소리를 가라앉히며 물었습니다.

"도대체 뭐하시는 겁니까?"

그러자 객스님은 뒤도 안 돌아보고 열심히 재 속을 뒤지며 대답했습니다.

"사리 찾아야지요."

이 말에 스님은 비웃으며 말했습니다.

"목불에 무슨 사리가 있겠소."

그러자 사리를 찾겠다고 재를 뒤적거리던 객스님이 그 말을 듣고 재를 툭툭 털고나서는 태연스레 말했습니다.

"그럼, 나머지도 마저 갖다 때야 되겠네."

온 정열을 바친 7년 수행에도 아무런 진전이 없던 스님은 이 소리에 번갯불이 스치듯 확 깨달아 버립니다.

불상으로 불을 땠다고 화가 잔뜩 났을 때의 심정은, 7년 간 경배한 목불을 마치 살아 있는 부처로 착각한데서 발생했지요. 그런데 객스님이 사리를 찾는다고 하는 말에 자신도 모르게 스스로 모순을 드러냈습니다. "목불에 무슨 사리가 있겠소."라는 말 속에 '그것이 뭐 부처님이냐, 나무 토막이지.' 하는 생각이 담겨져 있으며, 또 그 말로써 자신의 입으로 자신의 모순을 무의식적으로 밝힌 셈입니다.

불상이 나무 토막이라면 무엇 때문에 법당에 모셔 놓고 그 앞에서 절을 합니까? 차라리 필요한 곳에 써 버리는 것이 훨씬 유용하지요.

사실은 우리는 이 스님보다 몇백 배 더한 상호 모순 속에서 살아가고 있습니다. 단지 모순인지 아닌지 발견하지 못하고 살고 있을 뿐입니다.

바로 그 상호 모순된 것을 극복해 나가는 것, 잘못된 미혹과 어리석은 생각을 깨뜨리고 바르게 보는 것이 불교지, 부처라는 상이나 머리 속에 들어 있는 부처라는 관념이 불교가 아닙니다.

신심·분심·의심의 수행론

형상을 넘어서 진실을 보라

어떤 경전을 읽어도 같은 도리를 가르치는데 왜 우리는 그 가르침대로 받아들여 스스로 깨달음의 길로 가지 않고 있습니까?

〈금강경〉의 핵심 사상을 표현한 경구 중에 "범소유상 개시허망 약견제상 비상 즉견여래"라는 말씀이 있습니다.

여기서 상(相)이란 물질이라는 뜻이 아닙니다. 만약 부처 하면 그 부처라고 생각하는 내 머리 속에 들어 있는 상을 말합니다. 또 여자가 열등한 것도 일종의 상입니다. 사람이 옷을 어떻게 입었느냐에 따라 전연 달리 평가하는 것은, 드러난 모습에 대한 시각 착오에 기인합니다. 이것뿐만 아니라 그 사람에게 붙여진 지위 즉, 대통

령이나 장관, 고승이라는 것에 따라 여러 가지 다른 평가를 합니다. 이것이 모두 상(相)입니다.

스님을 처음 소개받을 때 땡초라고 하면 괜히 이상하게 보여지고, 고승이라 하면 법문을 듣는 자세부터 달라져 말 한 마디라도 놓치지 않으려고 열심히 귀기울이게 되지요.

그래서 보살님들은 어느 큰스님이 법문 하신다고 하면 여기저기 쫒아다니지만, 실제로는 한 마디도 알아듣지 못하면서 '법문 잘하시더라.'고 얘기하는 경우가 많습니다.

위 경구의 뜻은 '무릇 있는 바 상이 다 허망한 것이니, 만약 모든 상이 상 아님을 보면 곧 여래를 본 것이다.'는 것으로 있는 물체를 없는 것으로 본다는 의미가 아닙니다. 바로 바깥으로 드러나 있는 이름, 모양, 형식을 넘어서서 진실을 볼 수 있을 때 그것을 부처라 말합니다. 따로 부처라는 어떤 실체가 있는 것이 아님을 안다면 한량없는 복덕을 얻는다 했습니다.

앞서 보상 심리에 대한 말씀도 자세히 했습니다.

비록 많은 재물로 남을 도와 준다 하더라도 그 베푸는 행위 속에 보상 심리가 담겨 있다면, 나에게 돌아오는 것은 고통일 뿐이며, 이를 알고 보상 심리 없이 남을 도와 준다면 나에게 큰 복으로 돌아온다고 했습니다. 이러한 내용이 〈금강경〉에 나오지요.

"이 삼천대천 세계에 가득한 칠보로써 보시한다면 얻는 바 복이 많겠느냐?"

"많습니다."

"만약 어떤 사람이 이 경 가운데서 내지 사구게만이라도 받아 지니고 다른 사람을 위해서 말해 주면 그 복덕이 앞에 말한 복덕보다 나으리라."

즉, 부처님께서 이르신 말씀은 아무리 많은 물질 보시를 하더라도 보상 심리를 가지고 한다면 그 공덕은 보상 심리 없이 보시한 공덕보다 작다는 것입니다. 그리고 사구게를 자신이 깨닫고 그 깨달음을 남을 위하여 일러 주면, 그 사람이 지은 복덕은 물질을 보시한 것보다 훨씬 수승하다는 것이지요.

그러나 사람들은 금강경의 이 부분을 곡해하여 무량한 복덕이 있다는 데에 집착하고 뜻도 모르면서 경만 읽는다든지, 금강경 책자만 넘겨도 복이 된다는 소리에 무심히 책장만 넘기는 등 어리석은 행위들을 하게 됩니다.

처음의 목표를 지속하기

한편 〈법화경〉의 핵심 사상을 표현한 경구 중에 "내가 이 세상에 온 유일한 뜻은 너희들, 곧 일체 중생이 나와 같게 하고자 함이다."라는 말씀이 있습니다.

법화경이 빛나는 이유는 일체 중생이 부처님처럼 모두 성불할 수 있다는 것을 밝혀준 것에 있습니다. 그렇다고 너무 법화경만 강조하면 법화경 이외에 다른 경전은 의미가 없는 것처럼 여겨지거나, 원제목인 '나무묘법연화경'을 부르기만 해도 그 공덕이 한량없다는 식의 사고로까지 흘러 버립니다. 사실 명칭은 깨달음과는 아무런 관계가 없습니다.

이처럼 우리들은 불교라는 이름, 깨달음이라는 이름, 공덕이라는 이름을 갖고 또 하나의 미신에 빠지기가 쉽습니다.

그래서 부처님 가르침의 핵심을 체득하고 전수하는 것이 아니라 경전의 언어만 가지고 이리저리 옮겨 다닙니다. 언어는 사상이나 감정, 상징적 내용 등을 담고 있지만, 이미 몇백 년 전에 사용된 언어로는 원뜻이 정확하고 쉽게 전달되지 않습니다. 그런데도 그 시대의 언어를 그대로 해석하다 보니, 당시의 근본 진리가 곡해되고 잘못된 길로 빠지게 된 것이지요.

그 구체적인 현상은 한 가르침을 놓고도 해석이 달라 많은 주석서가 나옵니다. 만약 제가 깨달음을 주제로 법문을 했는데, 후에 이 법문이 유명해졌다고 합시다. 그것은 단지 깨달음의 내용을 보다 쉽고 분명하게 전달하기 위해서 한 이야기인데 그 말 한 마디마다 책 한 권씩의 주석서를 다는 식이 될 것입니다.

또 하나의 현상은 종교 의례가 복잡해집니다. 법문을 듣는 자세는 사람마다 다양합니다. 그런데 어떤 이가 법문을 듣고 깨달았다면 그 사람의 앉은 자세에 큰 의미를 부여해 버립니다. 위대한 성인이 출현하면, 그 사람 개인의 특수성이 마치 성인이 되는 보편적 일반성인양 생각됩니다.

종교는 이 두 가지 점에서 대중과 괴리되기 쉬우며, 특히 첫째 현상이 더욱 어렵게 하는 원인입니다.

어느 종교든 그런 면이 있지만, 근본 불교에서 멀어지는 것을 반대하고 진리를 바르게 전달하고자 일어난 대승 불교도 후반기로 가면서는 소승 불교보다 더 관념적이 되어 여러 가지 사상이 난립하고 복잡해집니다. 그리하여 불교가 중국으로 들어오면서 중국의 수행자가 한평생 한 일이란 깨달음의 길로 매진하는 것이 아니라 인도 말을 중국 말로 번역하는 사업이었습니다. 번역은 인도 말과 중국 말을 모두 알고 있는 사람만이 할 수 있습니다. 따라서 말을 배워 번역을 하기까지는 많은 시간이 요구되고, 많은 자금까지 필요해 국왕이나 대신에게 도움을 요청하게 되고, 결국 불교가 중국에 건너와서 한 역할은 대대적인 역경, 문화 사업이었습니다.

그러나 중국인 99%가 문맹인데다 그 사람들이 언제 한문을 배워서 경전을 읽으며, 언제 수행을 하겠습니까? 밥만 먹고 하루종일 거기에 매달려도 깨닫기 어려운데 매일 밭에 나가 농삿일에 매달려야 하는 일반 백성들이 어떻게 수행을 하겠습니까?

사실 우리 사회에서 학문에 뛰어나고 경전을 많이 읽은 사람이 몇 명이나 될까요? 결국 소수의 특정인만 가능하다는 얘기이지요. 그러나 경전에는 분명 일체 중생이 다 깨달을 수 있다고 기록되어 있지, 특수한 몇몇 사람만 깨달을 수 있다는 말은 찾아볼 수 없습니다.

이런 이유로 선불교에서는 불립 문자라 하여 따로 언어나 문자를 세워 말하지 않는 데에 불교의 참뜻이 있음을 주장하고 나옵니다. 즉, 마음에서 마음으로 법을 전하는 것이지, 경의 구절이나 문자에 의지하지 않겠다는 의미지요.

원래 선은 그 출발점이 부처님께서 말씀하신 근본 사상에 가까웠고, 문맹자나 어느 누구도 믿고 따를 수 있는 민중 불교의 성격을 갖고 있었습니다. 그러나 그 선불교도 후대로 내려오면서는 차츰 복잡해져, 우리들의 생활에서 떠나 버렸고 보통 사람은 도저히 엄두를 낼 수 없게 되었지요.

결국 처음 내용이 좋다고 하여 그 좋은 것이 항시 유지되는 것이 아니라, 어떤 자세로 임하느냐가 중요합니다. 즉, 깨달음이란 출발할 때의 올바른 자세가 계속 유지되어야 하며 여기에 바른 법을 만나야만 이루어질 수 있습니다.

선불교의 파격적 사고

중국에 법달이라는 스님이 계셨습니다.

이 스님은 법에 통달하였다 하여 스스로 이름을 그렇게 지으신 분으로, 대승 경전 중의 꽃이라고 불리는 법화경을 20여 년 걸려 삼천 번 읽었다고 합니다. 더욱이 법화경에 관한 주석서는 모두 다 읽어보았기 때문에 최소한 그 경에 대해서는 도가 트였다고 자부하던 스님이었습니다.

무술을 잘하는 사람이 전국으로 다니며 대결을 신청하듯이 이 스님도 법화경을 짊어지고 돌아다니다 육조 혜능 스님을 찾아갑니다.

혜능 스님은 일자 무식꾼이라 도인이라고는 하지만 인정하고 싶지 않는 마음이 있었습니다. 법달이 절을 하는데 이마가 바닥에 닿지 않자 혜능 스님이 말했습니다.

"너는 필시 마음에 든 것이 있는 것 같은데 무엇인지 내 놓아라."

법달이 대답하길

"제가 법화경을 삼천 번 읽었습니다."

그러자 혜능 스님이 법달을 보면서 말합니다.

"법화경을 읽었으면 아상을 꺾어야 하는데, 아상이 가득하니 도무지 법화경을 읽지 않는 것만도 못하구나. 네가 법화를 굴려야 하는데 이제까지 법화에 굴림을 당했구나."

혜능 스님은 어려서 아버지를 여의고 가난한 살림을 꾸리느라 제대로 공부도 못 했으며 날마다 나무를 해다 팔아서 어머니를 봉양하며 살던 사람입니다.

어느 날 장터에 갔다가 어떤 사람이 금강경을 읽는 소리를 듣고 '응무소주 이생기심'이라는 게송에 큰 의심을 냅니다. 이 말은 '무릇 머무르는 바 없이 그 마음을 내라.'는 뜻입니다.

혜능 스님이 그 의심을 풀고자 경을 읽던 스님에게 질문한 끝에, 멀리 양자강 건너 오조 홍인 대사를 찾아갔습니다. 그 스님 밑으로는 삼천여 명의 제자가 있었습니다.

이 나무꾼 혜능이 큰스님을 뵙고자 하니 사람들이 만나지 못하게 하겠지요? 결국 우여곡절 끝에 홍인 대사를 뵙고 절을 하니 "어디서 왔느냐."고 물었습니다.

"영남에서 왔습니다."

"영남 무지렁이가 왔구나. 무지렁이가 어떻게 성불할 수 있겠느냐?"

"사람에게는 남과 북이 있어도 깨달음에 어찌 남과 북이 있겠습니까?"

중국의 문화는 양자강을 중심으로 하여 남과 북으로 나뉘어져 화북 중심의 문화를 대표로 꼽고 있었지요. 그래서 영남 사람은 야만인으로 취급하였기에 홍인 대사가 영남 무지렁이가 어찌 부처가 될 수 있겠느냐고 떠보았던 것입니다. 그에 대한 혜능의 답은 누가 가르쳐 주거나 배워서 한 얘기가 아니라 바로 자기 의식에서 나온 것이라고 할 수 있겠지요. 여기서 그가 그릇이 큰 인물임을 엿볼 수 있습니다.

그 후로 혜능은 후원에서 방아를 찧고 장작을 패는 등 행자 생활을 시작합니다. 그리고 육개월만에 오조 홍인 대사로부터 법을 전수 받아 육조 혜능 스님이 되었습니다. 로마 교황청에 비유하면 로마 교황이 청소부에게 그 자리를 내준 것과 같습니다. 그럴 때 전

세계에 있는 추기경이나 신부들이 그 청소부를 교황으로 인정해 주겠습니까? 명동 성당에서 청소하는 아줌마에게 추기경 자리를 내주었다면 사람들이 인정하려고 하겠어요?

불교의 파격성이 여기에 있습니다. 홍인 대사 밑에는 학식이 높은 제자들이 많았지만 일자무식인 나무꾼에게 법을 전수한 점에서 불교의 진면목이 여실히 드러납니다.

깨달음이란 어떤 형식이나 글자로 성취될 수 있는 것이 아닙니다. 혜능 스님의 경우 방아를 찧으면서 자기 안목이 열렸기 때문에 법이 전수될 수 있었던 것입니다.

바로 이 스님 때문에 오늘날 선종 교단의 기초가 확립되고 새로운 불교의 거대한 흐름이 내려온 것입니다.

파격적인 또 다른 예를 들어 봅시다.

불교에서는 '개유불성' 이라 하여 만물에는 다 불성이 있다고 가르칩니다. 우리들 또한 당연한 사실로 믿고 있지요. 그런데 하루는 양지쪽에 앉아 뜰에서 노는 강아지를 보고, 도대체 개에게도 불성이 있겠는가를 생각하게 됩니다. 부처님이 말씀하신 대로라면 분명 불성이 있겠지만 아무리 관찰을 해도 불성이 있을 것 같지 않단 말이에요.

그래서 조주 스님께 여쭙니다.

"개도 불성이 있습니까?"

"무(無)"

이 답을 듣는 순간 꽉 막혀 버렸지요.

관념을 깨는 사람들 즉, 자기 문제 의식을 갖는 사람들과 그저 외워 대는 사람과 차이는 여기에 있습니다. 부처님의 가르침이 절대적으로 옳다고 확신하는 사람에게, 그것도 막강한 권위를 갖고 있는 자신의 유일한 스승이 "아니다"라고 해 버리는 데서 말문이 막혀 버린 것입니다. 분명히 모순이지요. 양립할 수가 없습니다. 여기서 박차고 나가야 합니다.

부처님 경전에는 분명히 불성이 있다고 씌어 있건만 '스님은 왜 없다고 하는가, 그럼 누구 말이 맞는가.'라는 쪽으로 생각이 흘러가면 안 됩니다. 그런 생각은 스승과 부처님을 불신하는 분별이며 번뇌일 뿐입니다.

그 사람한테는 마치 목에 가시가 걸려 넘어가지 않아 괴롭듯이 다른 사람과 이야기를 해도 마음 한 구석에는 찜찜함이 있습니다. 그럴 때 잠재 의식 전체가 의구심으로 가득 차 있습니다.

파격적인 또 다른 예를 볼까요?

불자에게 부처님은 신성불가침의 존재가 아닙니까? 어느 제자가 운문 선사에게 묻습니다.

"부처님은 도대체 어떠한 분입니까?"

"저 뒤뜰의 똥막대기니라."

이 뜻의 내면을 이해하지 못하면 마치 암기하듯 '부처는 똥막대기다.'라고 생각합니다. 스승의 답에는 형상으로 부처라는 관념을 갖고 있으면, 사실 부처와는 관계가 없는 껍데기에 불과한 것으로 똥막대기와 같은 존재라는 의미지요.

이외에 선에서는 파격적인 언어들이 많지만, 그렇다고 해서 불교를 비하하려는 뜻에서 나온 것은 결코 아닙니다. 그런데 도리어 그 선이 거꾸로 또한 그 파격을 외웁니다. 선의 언어는 깨달음을 통해 안목을 열리게 하는 하나의 방편인데도 '부처는 뭐냐, 똥막대기다 또는 부처가 어디 따로 있느냐, 다 부처지.' 하는 식으로 방편을 외워서 사용하다 보면 깨달음과는 거리가 먼 언어의 유희로만 빠져들게 됩니다.

문제 의식의 결정체, 화두에 집중하기

우리들이 외부로부터 길들여져 형성된 생각, 끊임없는 반복으로 만들어진 생각, 환경에 의지해 만들어진 생각은 모두 관념입니다.

우리들은 책을 통해서 변증법의 논리로 치장한 형이상학, 유물론이라는 이름을 빌어 쓴 관념을 공부할 때가 있습니다. 우리들의 사고 자체가 변증법적으로 사물을 봐야지, 변증법의 논리 체계를 외운다고 해서 변증법적인 시각을 갖는 것은 아니지요. 단지 불교라는 언어를 쓴다고 해서, 불교라는 교리 체계를 배워 얻은 지식을 기억한다고 해서 깨달음의 길로 갈 수 있는 것이 아니라 그 언어를 통해서 사고의 고정된 관념을 깨 나가야 합니다.

그럼 가장 좋은 기본 자세는 무엇일까요? 문제 의식을 철저하게 갖는 자세입니다.

뉴톤이 그 대표적인 인물입니다. 일상적인 우리들의 사고로는 사과 나무에서 사과가 떨어지는 것은 당연하다고 생각합니다.

그러나 뉴톤은 '왜 사과가 밑으로 떨어지는가.'라는 생각에서 진일보합니다. '사과는 10m 나무에 달아 놓아도 떨어지고 100m 나무에 달아 놓아도 떨어지는데 점점 땅에서 먼 위치에 달아 놓아도 사과가 떨어질 것인가, 사과가 떨어진다면 별도 떨어져야 되는 것이 아닌가.' 하는 생각에 이르듯 사물에 대한 관찰이 중요합니다. '왜 사과가 밑으로 떨어질까.' 하는 이 생각 하나만으로 깨달아서 만유인력이 나온 것이 아니고, 사과가 떨어지는 원인을 찾으면서, 아주 높은데 달아 놓아도 떨어진다면 별이나 달이 떨어지지 않는 이유는 뭘까? 하는 생각까지 미쳤기 때문입니다.

지구가 태양 주위를 돈다는 지동설은 코페르니쿠스의 사상이 있었고 후에 케플러, 갈릴레오가 증명하여 뉴톤 시대에는 보편적으로 인정되었습니다. 따라서 물체와 물체 사이에 존재하는 만유인력은 물체가 회전할 때 안으로 당겨지는 구심력이 되어, 밖으로 달아나려는 원심력과 같아지면서 우주 공간의 모든 물체가 현재의 자기 위치에 존재합니다.

이런 발견은 '왜 사과가 밑으로 떨어지는가.'라는 생각에서 출발된 것입니다.

우리는 이러한 문제 의식을 끊임없이 가져야 합니다.

지금 사회를 둘러보아도 곳곳에 문제 의식이 너무도 많이 존재합니다.

똑같이 대학을 졸업하고 똑같은 능력으로 똑같은 비중의 일을 하는데 왜 남녀간의 임금 차이가 존재할까요?

남자는 한 사람의 사회인임과 동시에 자식들의 아버지이고 한 여자의 남편으로 존중받는 반면 여자는 자식들의 어머니이자 한 남자의 아내임과 동시에 직장인으로서 존재하기 어려운가요? 나이든 남자와 젊은 여자가 결혼하는 것은 보아 넘기면서 나이든 여자와 젊은 남자가 결혼하면 왜 비난을 받을까요?

왜 생산하는 자가 소비하는 자보다 못 살까요?

오늘날 우리 사회에서 부유한 계층에 있는 사람들은 대부분 소비를 전문으로 하는 반면 농민이나 공장 노동자들은 주로 생산을 전문으로 합니다. 그런데도 생산을 전문으로 하는 사람이 왜 소비를 전문으로 하는 사람보다 사회적으로 차별을 받을까요? 아파트를 짓는 사람이 왜 아파트에 못 살고, 자동차를 만드는 사람이 왜 자동차를 못 타며, 봉제 공장에서 수십 벌의 옷을 매일 만들면서도 좋은 옷 한 벌 변변히 못 입는 이유는 무엇일까요?

우리는 왜 오천 년 간 함께 살아온 같은 민족을 북쪽에 있다고 해서 증오하는 반면에, 그 동안 우리를 괴롭혔던 일본을 더 가까이 하게 되었을까요? 왜 과거 우리를 군사적으로 강점하고 갖은 모략을 자행했던 일본을 이제는 군사 동맹국으로 끌어들여 같은 동포인 북한에 총부리를 겨누고 있는 것일까요?

분명 독립국인데도 왜 이 땅에는 남의 나라 군대가 주둔하고 있고 더욱이 우리 나라 60만 군대의 작전 지휘권을 누가 갖고 있습니까? 그 뿐인가요? 땅이 없어 복잡한 서울 시내에 어떻게 50만여 평의 용산 미군 골프장이 존재할 수 있을까요? 구로동에선 한 사람이 겨우 들어갈 만한 조그만 방에 몇 명씩 사는가 하면 왜 수백 평 되는 집에서 가족 두서너 명이 사는 일이 생겼을까요?

만일 우리들이 사는 제 조건에서, 평소 궁금해하던 문제까지 모두 제기해 본다면 수없이 많을 것입니다. 이 말은 미워하는 마음을 내라는 뜻이 아닙니다. 이러한 문제 의식이 바로 이제까지 우리가 맹목적으로 믿어 왔던 많은 사실을 통찰하는 새로운 시각을 열어 놓습니다.

깨달음에서 가장 중요한 것은 의심입니다. 무(無)자 화두로 깨달은 사람이 있다고 나도 따라서 '무(無)라' 하고 앉아 있다 해서 화두가 잡히는 것이 아닙니다. 오히려 끊임없이 자신의 삶에서 일어나는 문제들을 관찰하는 것이 필요합니다. 옳다, 그르다를 판단하지 말고 좋다, 싫다는 생각도 내지 말고 단지 끊임없이 문제 제기를 하며 계속 추적하고 바라보십시오.

제가 어릴 때 시골에서 자라면서, 가장 큰 문제 의식으로 다가왔던 것이 있습니다. 집에서 밤과 감을 따서 시장에 내다 팔 때면

으레 굵은 것은 구덩이에 묻어 두었다가 팔고, 식구들은 상한 것만을 먹었습니다. 그 때는 그것이 아주 당연한 것인 줄 알았지요.

밤을 생산하는 자가 자신도 굵고 알찬 밤을 먹으면서 남은 것을 내다 파는 것이 아니라, 자신은 벌레 먹은 밤만 골라 먹고 알이 굵고 싱싱한 밤은 제대로 먹어 볼 기회가 없었던 것이지요. 그렇다면 그 굵은 밤은 누가 먹어야 할까요?

아파트 공사를 하는 인부들의 경우 자기 소유의 아파트라도 한 채 가지고 있으면서 다른 사람이 들어가 살 중·대형 아파트를 짓는다면 그래도 별 문제가 없겠지만, 실제로 그 인부 대다수는 집 없는 서민들일 것이고—특히나 중·대형 규모의 아파트란 꿈조차 꿀 수 없겠지요.— 자신이 지은 아파트에 살 수 있는 사람은 지휘·감독하는 한두 사람 빼고는 없습니다. 자동차 공장에서 차를 생산해 내는 사람 중 그 자동차를 타고 다니는 사람이 별로 없는 것도 마찬가집니다.

종교 문제도 다를 바 없습니다.

어떤 사람이 머리 깎고 승복만 걸치고 있으면 우리 마음에 정중하게 대하려는 마음이 생기지요. 이 마음은 양복이나 잠바를 걸치고 있는 사람을 대할 때의 느낌과는 전혀 다른 것입니다. 무엇 때문에 그렇습니까?

기본적으로 이러한 문제 의식을 가지면 우리들 자신의 사고가 광명 천지와 같이 열려 나갑니다. 여러 문제 의식이 집적되는 가운데 핵심이 드러나면서 문제 의식이 한쪽으로 쏠리면 그것이 화두지요. 목에 가시가 박혀 온몸의 신경이 그 곳에 몰리는 것처럼 화두에 몰두하게 됩니다. 그러다 어느 날 갑자기 책을 읽던 중, 혹은 법문을 듣다가, 얘기를 하다가, 데모하는 현장을 보다가, 또 TV를 보던 중에 불현 듯 해답을 얻을 수 있습니다. 이와 같이 우리가 갖는 제반 문제 의식이야말로 깨달음의 첫 번째 디딤돌입니다.

주인으로서 삶을 되찾기

서산 대사께서는 올바른 수행을 하기 위해서는 세 가지 요건을 갖추어야 한다고 말씀하셨습니다.

첫째, 큰 신심(大信心)입니다. 깨달음 즉, 법칙을 깨닫고 진실을 깨달아 얻어진 것에 대한 굳건한 믿음입니다.

둘째, 큰 분심(大憤心)입니다. 우리들이 진실을 깨닫고, 진실에 대한 믿음이 강하면 강할수록 거짓에 대한 분노가 있어야 합니다. 이 분심이 진리를 실현해 나가는 원동력이 됩니다.

봉암사 조실이셨던 서암 큰스님 법문 중에 이런 이야기가 있습니다. "지나간 내 인생이 마치 눈먼 송아지가 요령 소리를 듣고 이리저리 헤매이듯, 멍청하게 주변에 이끌려 살아온 덧없는 삶이었음을 알고 나면 얼마나 원통하고 분통 터질 일이겠습니까? 이렇게 깨닫고 나면 다시는 이러한 헛된 삶을 살지 않고 새로운 삶을 살아가겠다는 굳건한 의지가 생겨납니다."

셋째, 큰 의심(大疑心)입니다. 크게 의심하는데서 크게 깨칠 수 있습니다.

사회 문제로 비유하자면 노동자나 농민이 현재 자신이 어렵게 사는 것은 사주팔자가 나빠 어쩔 수 없다고 체념하며 살다가 어떤 계기가 있어 '우리는 허리가 휘도록 열심히 일하건만 왜 아직 변변한 방 한 칸, 집 한 채도 마련할 수 없는가.' 또는 '왜 우리는 권리를 뺏기고 살아야 되는가.'의 문제 의식을 자각하는 순간 엄청난 힘이 터져 나오게 됩니다.

그 때는 어떤 어려움이 있더라도 결코 물러서지 않지요. 반면에 지식인들은 책을 통해서 현실의 제 문제를 분석하기 때문에 이성적으로 문제 의식을 느낀다 해도 자기 생활과 밀접하지 않으니까 분심이 뒷받침되지 않고 믿음도 약합니다.

이는 마치 많이 속아 본 사람만이 그 속음에서 벗어난 후에 지난 세상을 속아서 살았다는 엄청난 저항감이 있는 것과 비슷합니다.

물론 억압이 크면 클수록, 고통이 크면 클수록 일단 자각만 하게 되면 그것을 뚫고 나가는 힘은 훨씬 큽니다. 다만 문제는 지나치게 억압받았거나 어리석음이 크다 보면 그 속박의 그림자에 빠져 스스로 깨달음의 실마리를 찾기가 어렵다는 것입니다. 그러므로 고통받는 사람들에게는 깨달음의 실마리를 찾을 수 있는 어떤 계기가 외부로부터 주어지는 것도 매우 중요합니다. 이것은 본인에게 선천적으로 깨달을 능력이 없어서가 아닙니다. 오히려 등잔 밑이 어둡다는 속담에나 비유할까요.

깨달음의 계기란 자각한 사람들이 대중과 함께 하며 대중 스스로 주인 의식을 갖도록 각성케 하는 경우가 많습니다. 제가 이렇게 이야기하는 것도 가르침이 목적이 아니라 문제 의식을 던져 주어 그런 깨달음의 계기를 마련해 주는 것이 목적입니다.

가르친다는 것은 제 말을 듣고서 외워 가며 따라 하라는 의미 밖에 안 되지요. 자기 생각, 자기 삶에 대해서 되돌아보고 반성할 때 올바로 자각하는 것입니다.

우리들은 인생의 주인이 자신인 것 같지만 실제로는 주인으로서 삶을 제대로 살지 못합니다. 국민 윤리 교과서에서 민주 사회의 주인은 우리들 자신이라고 배웠고, 또 우리 스스로도 자신이 우리 사회의 주인이라고 여기지만, 사실 이 사회에서 주인의 권리를 누리는 사람들은 소수에 불과합니다. 원래 우리가 주인임을 자각했다면 주인의 자리를 다시 획득해 내야 합니다. 그 자리가 획득되지 않는 이상 자각했다는 것은 아무 소용이 없습니다.

마찬가지로 내가 부처임을 자각했으면 부처의 자리를 획득하려고 노력해야 합니다. 그것이 바로 수행입니다.

요즈음 학생들을 보면 민중 구제라는 이름으로 민중의 자발성이나 창조성을 거론하고 있지만 그들 중에 과연 몇 사람이나 농민 한 사람, 노동자 한 사람이라도 그들이 자발성을 개발하여 전면에

나서도록 이끌어 준 경험이 있을까요? 매일 중생 구제를 운운하기는 하지만 구체적으로 고통받는 중생의 아픔을 변화시켜 그들이 새 인생을 살아가도록 이끌어 준 경험들이 얼마나 있습니까?

오늘날 법사나 지도자 위치에 있는 사람들에게 하고 싶은 이야기입니다.

앞에서, 경주에서 포교당 지도 법사로 있었을 때의 이야기를 했지요? '마음이 답답하고 불안한 자는 오라.'고 했지만 진짜 그러한 고통을 가진 자가 왔어도 그 사람에게 해 줄 것이 아무것도 없었습니다. 이처럼 우리들의 지식이란 것은 무용지물일 때가 많습니다.

결국 이론은 단지 실천으로만 검증됩니다. 실천을 매개로 하지 않는 이론은 믿을 만한 것이 못 됩니다. 즉, 이론이 있으면 실천을 통해서 검증되고 그 다음 믿음으로 가야 됩니다. 창조력은 이론과 실천을 통일하는 삶의 자세를 가질 때, 비로소 인생을 당당하게 살아갈 수 있습니다.

젊은 보살들을 위한 인생론

보살이 중생의 아픔을 해결해 나가려는 것은 중생을 위함이 아니라
바로 삶의 궁극적 목적, 즉 성불을 위해 거쳐야 할 당연한 행위입니다.

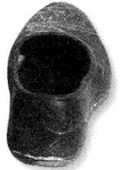

보살적 삶에서 진정한 행복이…

삶의 과정에서 불의의 사고를 만난다면

이제까지는 개인 생활과 수행을 통해 의식을 개조하는 과정, 더 나은 사회를 건설하고자, 대중의 아픔을 함께 하려는 보살적 삶의 자세란 무엇인가를 이야기했습니다.

지금부터는 개인 생활과 보살의 길에 대한 내용을 종합하는 수행론에 대한 이야기를 하겠습니다.

저마다 인생에는 나름대로 삶의 목표가 있기 마련입니다. 큰 목표든 작은 목표든 목표를 달성하는 과정에서 많은 어려움을 겪으면서도 우리가 그 어려움을 참고 견디는 이유는 목표가 달성되었을 때 얻게 될 행복 때문입니다.

그러나 만약 목표를 달성하기도 전에 불의의 사고로 목숨을 잃게 된다면 과연 그 사람의 인생은 어떻게 평가돼야 할까요?

한번 생각해 보십시오! 바로 그런 상황이 자신의 문제라면 어떻게 하겠습니까?

만약 우리들이 사회의 민주화를 위해서 헌신하다 옥사를 하거나 최루탄에 맞았다든지 해서 갑작스레 죽게 된다면 과연 그 인생에 어떤 의미를 부여할 수 있을까요? 언젠가 신문에서 보았듯이 저임금의 악조건에서 견디다 못해 인간다운 삶의 권리를 찾고자 노동운동에 헌신하던 한 젊은 노동자가 진압 경찰이 휘두르는 각목에 맞아 죽었다면, 그 노동자의 인생은 어떻게 평가될까요? 가령 노동 운동에 참여하지 않았더라면, 그런대로 힘겹더라도 평범한 삶은 유지할 수 있었겠지요. 좀 더 나은 삶을 위한 노력이 그냥 저냥 사는 것보다 못한 결과를 낳은 것은 아닌지요?

물론 우리는 이성적으로 자기 개인의 이익을 위해 사는 인생보다는 목표가 달성되지 않은 채 중도에 하차하더라도 대의를 위한 그의 삶이, 다른 사람들에게 계기와 교훈을 남기고 또 후인에게나 후대에까지 숭고하게 기억되는 것으로도 매우 의미 있다고 볼 수 있습니다.

그러나 제가 좀 더 집중적으로 질문하고 있는 것은 고군분투하다 죽은 당사자의 처지에서는 그 죽음이 과연 어떤 의미를 갖겠느냐는 것입니다.

전쟁이 일어나면 어느 한 편이 승리한다 해도 필연적으로 많은 사람이 죽게 마련입니다. 따라서 누구든지 전쟁에서 승리자의 대열에 서기를 원하지, 죽기를 원하는 사람은 없겠지요. 그러나 가령 제가 총에 맞아 죽는 것으로 전쟁을 승리로 이끌었다고 가정해 봅시다. 물론 대의를 위한 저의 죽음은 영광스러운 훈장을 받을 수는 있겠지만 제 처지에서는 그것이 과연 무슨 의미가 있을까요?

우리들이 조국 통일을 위해 분투할 때도 그 염원이 이루어지지 않은 채 자신이 죽을 수밖에 없다면 도대체 자신에게 통일이란 것이 무슨 의미가 있을까요? 그토록 절실히 염원했던 통일 조국을 보지도 못한 채 죽을 바에야, 분단된 조국일망정 자기 명(命)대로 충분히 사는 것이 낫지 않을는지요?

사실 대의라는 것도 내가 살아 있을 때 의미가 있는 것 아닙니까? 통일된 조국, 인간답게 살 수 있는 사회, 민주주의 사회, 남녀평등의 사회들이 모두 살아 있는 사람에게 의미가 있는 것입니다.

앞에서 얘기한 대로 내 죽음으로 남에게 이익을 주는 것이 분명하다 해도 그것이 나에게는 어떤 이익이 되는지 아니면 손해만 보는 것인지를 묻는 것입니다. 예를 하나 더 들어 볼까요.

1987년도 구로 구청 부정 투표 항의 시위 도중 경찰에 쫓기다 5층 옥상에서 밑으로 떨어져 하반신이 모두 마비돼버린 서울대생이 있었지요? 만일 우리들이 그처럼 불의에 항거하다 불구의 몸이 되었다면 자신이 참여한 투쟁에 대해 후회하지 않을 수 있을까요? 즉, 불가피한 사고였다는 생각보다 그 곳에 가지 않았더라면 하는 후회가 더 많이 들겠지요.

인생의 목표가 잘못 설정되면, 분투 끝에 목표를 달성해도 기쁨이 아닌 고통으로 되돌아올 뿐입니다. 목표가 올바르다는 것은 목표 달성 후에 기쁨으로 돌아오는 것을 말합니다. 그러나 목표가 아무리 올바르다 해도 그 목표를 향해 가는 과정에서 치명적인 사고나 죽음으로 자신이 더 이상 목표 달성을 위해 움직일 수 없을 때 삶의 의미는 무엇이며 진정 어떠한 후회도 없겠는가 하는 것입니다.

이 문제는 특별한 정답이 있는 것은 아닙니다. 인생의 문제란 본래 정답이 없는 것이니까요. 제가 이렇게 질문하는 것은 삶이란 그렇게 간단한 것이 아니며, 죽음 또한 그렇게 간단한 것이 아니라는 점입니다. 간혹 쉬운 말로 사람들은 일제 시대의 독립 운동가를 얘기할 때나 현재 사회 운동을 생각할 때 '붙들려서 고문을 당하면 그냥 죽어 버리면 되겠지.' 하지만 사실 그것은 쉬운 일이 아닙니다.

자신의 신념을 지키기 위해 분노에 차서 투신 자살하는 사람은 있어도 집요한 고문 공세에 끝까지 굴하지 않고 자기 신념을 지키는 사람은 10년에 한 사람 나올까 말까 한 것입니다. 예를 들어, 젊을 때 생각으로는 나이가 한 60 정도 되면 오래 살았으니 노망들기 전에 죽어야지 생각하지만, 나이 든 사람은 나이가 먹을수록 생명에 대한 애착력이 더 커집니다. 그래서 젊은이가 분신 자살하는 경우는 있어도 나이 든 분이 분신 자살하는 경우는 흔치 않지요.

〈법화경〉에 보면 '내가 이 세상에 온 뜻은 일체 중생이 나와 같게 되고자 함이다.' 해서 우리도 부처가 될 수 있음을 말씀하셨습니다. 이 뜻은 부처를 믿게 하는 데에 있지 않고 우리 모두 부처의 길로 가도록 하는 데 있습니다. 어떻게 사는 사람이 가장 부처에 가깝게 사는 사람일까요?

하나 더 생각해 봅시다.

보통 무애(無碍)라는 말은 '어디에도 걸림이 없는 것.'이라는 뜻으로 불교인이면 자주 쓰는 말이기도 합니다. 원효 대사 일화 중에는 바가지 모양의 그릇을 북삼아 두드리며 무애가를 부르고 무애 춤을 추고 다녔다는 이야기도 전해지지요.

그러면 어떤 상태를 걸림이 없는 상태이고, 어떻게 행동할 때 그 걸림에서 벗어날까요? 즉, 걸림 없는 사람이란 어떤 것을 말하는 것일까요?

함께 하지 못한 소외의 아픔

중학교 1학년 학생 5명이 아주 절친하게 지내고 있었습니다. 그러던 어느 날, 그 친구 중 1명이 상급생에게 인사도 잘 안 하고 건방지게 군다며 앞으로 주의하지 않으면 혼내 주겠다는 협박을 받았습니다. 이 일로 친구 다섯이 함께 모여 의논을 합니다.

한 아이는 "담임 선생님께 이르자.", 또 한 아이는 "설마 상급생이 널 때리겠냐, 괜히 한번 해 본 소리일테니 들은 체 만 체 내버려두자."는 등 여러 가지 의견이 나왔지요.

그러다 "상급생이 진짜로 때릴지 안 때릴지 불확실한데 설불리 선생님께 이른다는 것은, 오히려 상급생에게 잘못 보여 더 맞을지도 모른다. 그렇다고 해서 우리가 힘을 모아 상급생을 상대로 싸울 수도 없으니 만약 이 친구가 상급생에게 맞게 되면 우리도 함께 맞아 주자."는 의견으로 모아졌습니다.

그러던 어느 겨울 날, 운동장에서 눈싸움을 하다가 전에 상급생에게 주의를 들었던 그 친구가 마침 상급생이 만들어 놓은 눈사람을 무너뜨리는 실수를 저질렀습니다. 그렇지 않아도 한번 혼내주려고 벼르고 있던 참에 좋은 기회를 만들어 준 셈이지요. 결국 그 친구는 상급생에게 잡혀서 혼이 나게 됩니다.

"이 자식, 평소에도 건방지게 굴더니 잘됐다. 사과해."

상급생의 윽박지르는 소리에 그 친구는 모기 만한 소리로 대답합니다.

"고의로 한 것이 아니예요."

"고의로 했든 안 했든 우리가 만든 것을 허물었으니 사과를 해야 될 것 아니냐."

"미안합니다."

"목소리가 그게 뭐냐? 더 크게 할 수 없어?"

상급생이 계속 다그치자 이 친구는 슬그머니 오기가 나서

"미안합니다."라고 버럭 큰 소리를 질러 버렸습니다. 그러자 상급생들은 "미안하다는 말투가 그게 뭐냐."며 그 친구를 둘러싸고 때리기 시작했습니다. 그러자 옆에 있던 한 친구가 나서서 싸움을 말렸고, 상급생은, "너도 한패냐."며 말리던 친구까지 때렸습니다. 이를 본 친구들도 모두 달려와 전에 약속한 대로 함께 맞았습니다. 그런데 좀 멀리 떨어져 있던 한 친구는 미처 끼여들지 못했지요.

그 때 "야, 이중에도 너희 패거리가 또 있지, 다 나와 봐."라는 상급생의 윽박지르는 소리가 들렸고 갑자기 겁이 난 그 친구는 달려갈 생각도 못하고 오히려 쥐고 있던 눈을 숨기고 구경꾼들 틈에 끼었습니다. 속으로는 나가서 맞아야 한다는 생각이 가득했지만 몸은 덜덜 떨리기만 하고 도저히 움직여지지 않는 거예요. 그렇게 가슴 조이며 '나도 가서 맞아야 하는데⋯⋯.' 하는 생각만 하다가 수업 시작을 알리는 종이 울리고, 결국 때리고 맞던 그 판도 끝이 났습니다.

상급생과 주위에 몰려 있던 학생들은 다 교실로 들어가고 운동장에는 결국 함께 맞은 친구들만 남았습니다. 그들은 서로 일으켜 주고 옷에 묻은 흙도 툭툭 털어 주며 껴안고 위해 주었습니다. 이 모습을 지켜보던 그는 갑자기 외톨이가 된 기분이었지요. 이전에는 그렇게도 가까웠던 그들에게 다가갈 수 없게 된 자신이 서글퍼졌습니다.

그리고는 얼른 가서 '잘못했다, 미안하다.' 라고 사과하려 했지요. 그런데 마음과는 달리 도저히 친구들 앞에서 자신의 잘못을 이야기할 용기가 나지 않아 계속 머뭇거렸습니다. 그래서 미안해하는 마음 한편으로는 동정을 구하는 생각이 일어났지요. 말하자면 내 행동에 대해서 친구들이 이해해 주기를 바라는 마음이었습니다. 즉, 나름대로 약속을 지키기 위해서 애를 썼지만 행동으로 옮기지 못해 안타까웠던 내 처지를 충분히 이해해 주고, 친구들이 나를 좀 돌아보아 주었으면 하는 마음이 일어났던 것이지요.

여하튼 이런저런 생각으로 서 있다 보니 맞은 친구들도 어우러져 교실로 들어가는 것이었어요. 그 들어가는 뒷모습을 바라보면서, 구경꾼에 불과했던 자신의 비굴한 모습을 돌아보니 너무 비참하고 괴로웠습니다.

집에 돌아온 그는 몸져 눕게 됩니다. 하지만 막상 병들어 앓고 있는데도 병문안을 오는 친구는 아무도 없었고 그 때문에 괴로움은 더욱 커집니다. '이제라도 내가 가서 사과를 할까, 어떻게 사과를 해야 친구들이 받아 줄까.' 하면서 또다시 고민이 시작되었지요.

그냥 솔직하게 '내가 나가려고 했는데 맞는 것이 무서워서 못 나갔다.'고 말하자니 차마 입이 안 떨어지고 '그 때 내가 멀리 있어서 못 봤다. 나중에 와 보니 이미 끝났더라.' 하자니 뭔가 뒤가 켕겼습니다.

그러나 아무리 이런저런 생각으로 핑계 거리를 생각했지만 역시 자기 양심은 속일 수가 없었던 그 친구는 계속 망설이면서 병만 점점 깊어 갔습니다.

이런 경우는 우리가 쉽게 떠올릴 수 있는 일이라 생각됩니다. 만약 우리들이 같은 처지에 처했다면 어떻게 하겠습니까?

객관적으로 보아 그 자리에서 친구들과 함께 두들겨 맞았다면 그 순간 분명 육체적 고통은 겪었을 것입니다. 비록 그런 육체적 고통은 피했다 해도 그 뒤 겪는 마음의 고통은 육체적 고통을 겪는 것과 비교해서 어느 정도일까요? 아마 함께 맞는 친구들의 대열에 참여하지 않음으로써 친구들로부터 소외된 그 괴로움은, 차라리 맞음으로써 느끼는 육체적 고통과 비교가 안 될 만큼 클 것입니다.

나의 기쁨을 위해 아픔에 동참하기

사실 그 자리에서 한 대 맞음으로써 함께 맞은 친구는 더욱 우정이 굳건해질 수 있고, 서로 일으켜 주고 옷을 털어 주는 가운데서 분명 하나되는 기쁨과 뿌듯함을 느꼈을 것입니다. 결국 친구를 위해서 내가 희생하는 것이 아니라 바로 나의 기쁨을 위해서 기꺼이 그 아픔에 동참하는 것입니다. 인생의 행복이란 바로 여기에 있습니다. 행복이란 일시적인 고통에 좌우되어 결정되는 것이 결코 아니지요.

보살이 중생의 아픔을 해결해 나가려는 것은 중생을 위함이 아니라 바로 삶의 궁극적 목적 즉, 성불을 위해 거쳐야 할 당연한 행위인 것입니다.

오늘날 우리 사회의 경우도 마찬가집니다. 대중의 아픔에 동참하는 까닭이 다른 누구를 위한다거나 대의 명분 때문이 아닙니다. 대중의 아픔에 동참하지 않을 때 자신의 인생이란 대중의 아픔과 함께 했을 때 자신의 인생보다 훨씬 더 큰 소외와 고통이 따르기 때문입니다. 이런 까닭에 우리는 사실 한순간 자기 희생을 무릅쓰고라도 보살행을 닦아 가려는 것입니다.

망설임의 시간이 길어지면 길어질수록 괴로움은 누적되며, 그 기간이 짧으면 짧을수록 그만큼 괴로움은 가벼워지는 것입니다.

고난을 두려워 하지 말기

현대 사회에서 제기되고 있는 남녀 평등의 문제를 생각해 봅시다.

물론 개인마다 약간의 차이는 있겠지만, 보편적으로 여성이 남성보다 인생의 주체성이나 창조적인 개척 의지의 면에서 부족한 것이 사실입니다.

우리가 남녀 평등의 실현을 위해 헌신적인 투쟁에 떨쳐나선다 해도 가까운 시일 안에 평등한 사회 실현을 볼 수 있을까요? 살아 생전에 보기도 어려울지 모릅니다.

더욱이 여성들의 인생에서 행복이란 남성과의 만남을 통해서 실현된다고 보는 것이 우리 현실입니다. 길가는 남성들을 붙잡아 놓고 '마음을 읽는 거울(?)'에 비춰 보면 애인으로서 여성상은 인생관이 뚜렷하고 맞상대가 될 수 있는 사람이길 원하지만 막상 자기 부인을 선택할 때는 그와는 정반대의 생각을 하고 있을 것은 자명한 일입니다.

물론 이러한 남성들의 불평등한 관념도 문제지만 여성 스스로가 종속적인 삶의 그늘에서 안주하려 하거나 행복을 찾으려는 의존성이 더욱 큰 문제입니다.

여성을 행복하게 해 주는 주도권이 여성 자신에게 있지 않고 남성에게 있다고 할 때 남녀 평등을 실현하기 위한 여성의 저항은 다른 여성 후배들에게 물꼬를 터주는 선구자가 될지는 몰라도 그 여성 개인이 겪는 고통과 수모는 이루 말할 수 없습니다.

얼마 전 여성 정년제 55세 쟁취를 위한 법정 투쟁을, 온갖 우여곡절 끝에 승리로 이끈 여성의 경우를 봐도 분명한 것이지요. 세상의 손가락질은 물론이고 가족이나 형제로부터 외면당하는 수난의 길을 걷기란 결코 쉬운 일이 아닙니다. 종속의 굴레를 깨고 주인의 삶으로 나서는 길은 새로 태어나는 기쁨과 함께 커다란 고통이 수반될 수밖에 없지요.

예를 들면 노예제 사회에서 주인으로부터 해방되고자 저항하는 노예의 일생은 고난으로 점철될 수밖에 없습니다. 저항하는 노예의 일생은 고난의 길이기에, 순응하며 살아가는 노예의 삶보다 더 고통스러울 것은 명백하겠지요. 왜냐하면 그 사회의 주인은 노예 소유주이며, 그들이 노예의 행복권과 생존권을 한손에 장악하고 있기 때문입니다.

남녀 차별이 철저했던 조선 시대만 봐도 생사 여탈권과 행복권을 쥐고 있는 남성 중심의 사회로부터 어떤 여성이 해방되고자 했을 때 그 여성의 인생은 더욱 불행해지는 결과를 초래하는 것이지요. 오늘날 민중의 삶 또한 이 사회의 주인 자리를 독점하고 있는 소수의 지배 계층과 재벌들에게 좌우되는 셈입니다.

가령 민주적 제 권리를 보장해 주면 숨통이 트이지만 독재를 휘두르면 그저 억압받을 수밖에 없지요. 또 재벌이 임금을 인상하지 않으면 노동자들의 생활이 힘들 수밖에 없는 것입니다.

따라서 종속적인 삶에서 탈피하고자 할 때는 스스로 주체가 되어 민주화나 임금 인상 쟁취를 위한 투쟁에 나서야 합니다. 그 투쟁은 거대한 세력에 대한 저항이므로 일정 기간 개인이 받는 고통과 불이익은 엄청날 수밖에 없겠지요. 그러한 고난을 두려워하는 한 영영 종속의 우리를 깨고 나올 수도, 궁극적인 해방을 성취할 수도 없습니다.

결론적으로 현재 행복의 기준은 종속적인 틀에서 일신을 편안히 할 수는 있으나 진정한 자기 해방을 이룰 수는 없습니다. 막연히 대의를 위해서 싸운다는 것은 실제로 매우 추상적이어서 커다란 힘을 발휘하지 못합니다. 바로 자기 자신을 위해 자기 해방의 실현을 위해 나설 때 진정한 대의 즉, 사회 정의 실현이 가능해지며 줄기찬 동력을 끌어낼 수 있습니다.

보살적 삶의 실천 방법

아상이 강할수록 더 종속적이다

우리가 생각하고 있는 행복이란 구체적으로 무엇일까요?

흔히 경제적인 여유와 사회적 지위가 높을 때 행복하다고 생각합니다. 예를 들어 어느 부잣집에서 개에게 금목걸이와 금팔지를 해 주고 날마다 사람도 먹기 어려운 양질의 음식과 좋은 잠자리를 갈아 준다면 그것이 개의 진정한 행복이라고 말할 수 있을까요? 그처럼 인간의 행복도 재물이나 명예, 권력과 등치될 수 있는 것일까요?

인간에게 최고의 행복이란 무엇일까요? 그것은 바로 자기 주체를 갖는 삶입니다. 한번 생각해 보세요. 우리들이 날마다 물질이나 명예를 구하러 이리저리 뛰어 다니는 유일한 목적은 주위 사람들에게 매이지 않고 자기가 중심에 선 삶을 살아보려는 데 있지 않습니까? 자기 중심의 이기적 가치가 자신도 모르게 내면에 깔려 있기 때문에 저마다 서로 남 위에 서려는 온갖 행동을 하게 되는 것이지요.

그러나 자신을 중심에 세우려는 여러 가지 수단이 실제로는 나의 삶을 종속시키고 있는 요인임을 알아야 합니다. 자신의 삶을 가만히 돌이켜보십시오.

우리들 누구나가 자기 중심적인 생각, 나라는 생각 즉, 아상(我相)을 갖고 있습니다. 보통 우리가 얘기하는 자의식도 이 아상에 속하는 것입니다. 그러나 나라는 존재는 어떤 사물을 판단할 적에, 정말 참다운 나가 따로 있어서 판단을 내리는 것이 아니라 오히려 그 판단은 주위 환경이 나에게 주입돼 온 누적된 의식에 의한 것일 뿐입니다.

제가 "이 세상에서 가장 훌륭한 사람이 누구일까요."라고 질문했을 때 우리 중 누군가가 "북한에 있는 김일성입니다." 하고 말했다면 우리 모두 깜짝 놀라겠지요.(물론 그는 이미 죽은 사람이긴 합니다만.) 우리가 그 사람의 대답을 놓고 순간적으로 '그건 잘못된 생각이다.' 라고 느끼는 것은 무엇 때문입니까? 어느 누구도 그 자리에서 그 대답이 나와서는 안 된다고 사전에 특별히 주의를 받은 것도 아니었지요.

그런 순간적인 판단은 과연 우리들 각자의 자기 생각일까요? 아니면 어떤 선입견에 좌우된 것이라고 봐야 할까요?

옳으냐, 그르냐를 떠나서 우리들의 일상적인 관념의 문제를 중심에 두고 생각해 보십시오.

우리 생각으로는, 모든 판단이 독자적인 자기 의식에 근거하는 것 같지만 큰 틀에서 보면 마치 컴퓨터에 입력해 놓은 많은 자료가 단추 하나만 누르면 튀어나오듯이 조건 반사적으로 반응하고 있습니다. 이처럼 우리는 일상의 삶에서 자각조차 못한 채 묻혀서 살아가는 종속적 성향을 쉽게 발견할 수 있습니다.

주체적으로 자기 인생의 주인되는 삶을 살지 못한 채 종속적으로 시대의 조류에 이끌려 살면서도 내면에서는 자기 아상을 키워만 가는 것이 현대인의 삶입니다.

여기서 말하는 종속적인 삶과 아상에 가득찬 삶은, 사실 둘이 아니라 하나입니다. 아상이 강하면 강할수록 똑똑하고 주체적인 것 같지만 실제로는 더 종속적인 인생을 삽니다.

마찬가지로 이기심이 강하면 강할수록 더 종속적인 삶을 살게 됩니다. 왜냐하면 이기심이 강하다는 것은 보상 심리가 큰 것을 말하고 기대가 큰 만큼 타인의 행위로 나의 의식이나 마음이 좌우되기 때문입니다.

부처님께서 '천상천하 유아독존'이라고 말씀하셨지요. 이 의미를 직역하면 이 세상에 나보다 더 나은 이가 없다는 뜻이지만, 여기서 '나'는 아상(我相)으로서 나가 아니라 나 이외의 어떤 것에도 내 인생을 맡기지 않겠다는 확연한 의지를 갖는 주체적인 '나'입니다. 부처라는 것은, 내 운명이나 바깥 세계에서도 언제 어디서든 자신이 주체임을 뜻하는 것입니다. 나 이외의 어떤 신이나 사회 제도, 인간 관계나 물질 등 나의 삶을 좌우하는 것을 인정하지 않겠다는 뜻이지요. 따라서 자주성과 주체성이 고양될수록 부처님에 가까운 모습이라고 볼 수 있습니다.

부처로 가는 길의 핵심은 종속성의 거부입니다. 사회 제도로부터 규정받는 종속성이나 자연의 위협에 시달리는 종속성뿐만 아니라 인간 의식의 종속성까지도 거부하고 벗어나려는 노력이 중요합니다.

현재 우리가 누리는 자유의 정도는 부처 수준과 비교될 정도는 못 되지만 적어도 종속성을 탈피할수록 자유의 확대와 주체의 신장이 성취되며 부처의 길에 좀 더 가까워지는 것입니다.

그러므로 불교에서 말하는 행복의 절대적 기준은 자기 자신에게 있습니다. 이 세상의 그 어떤 물질이나 윤리 · 도덕 · 문화까지도 나의 주체를 보장해 주는 선에서만 의미 있는 것입니다. 가령 물질은 우리들의 삶을 더 자유롭고 주체적일 수 있도록 토대를 제공해 주므로 무조건 부정시 해서는 안 됩니다. 반면에 물질에 대한 집착은 거꾸로 나의 삶을 물질에 종속하는 결과를 초래할 수도 있다는 데 유의해야 할 것입니다.

윤리나 도덕 역시 형식적인 겉치레가 아니라 주체적인 삶, 자유로운 삶의 영위에 일정하게 활용되어야 하는데도 우리들 대부분은 그러한 윤리·도덕의 제도화된 틀 속에 갇혀 종속돼 버리는 것이 문제입니다.

주인 의식이 역사 발전의 동력으로

노예가 주인에게 종속되어 있는 상황에서는, 고급스런 음식과 푹신한 잠자리가 주어지고 주인에게 귀여움을 받는다 해도 진정한 행복을 느낄 수는 없습니다. 그렇다면 이 조건에서 노예가 부처 되는 길은 어디에 있을까요?

무엇보다도 노예라는 신분의 족쇄에서 벗어나려는 것이 가장 중요한 성불의 길, 주체의 길로 나아가는 관건입니다.

'나는 노예일 수밖에 없다.'는 노예로 길들여진 생각에서는 '나도 주인이 될 수 있다.'는 생각은 감히 하지도 못한 채 체념해 버리지요. 결국 노예라는 한정된 수준 안에서만 더 나은 음식과 잠자리를 추구합니다. 그러나 이것은 아무리 추구한다 해도 이미 방향이 잘못되어 있는 것이지요.

가장 바른 방향은 스스로 주인이 되는 것입니다. 이 때 노예에게 가장 필요한 것은 나도 주인이라는 자각입니다.

노예제가 붕괴될 무렵에 가면 자신이 본래 주인이라는 자각은 아직 형성되지 못했지만 고통을 견디다 못해 자연발생적인 노예 해방 운동이 일어납니다. '빵을 달라.' '더 나은 잠자리를 달라.' '노동의 강도를 약하게 해 달라.'는 여러 가지 구호들은 노예제를 인정하는 범위에서 주인들의 선처를 요구하는 수준이었습니다.

그러나 수백 년의 세월을 거듭해서 계속된 노예 봉기를 통해 주인 의식이 성숙돼 갔고 급기야는 노예 제도 자체를 전면적으로 부정하는 흐름을 형성하게 된 것이지요. 이런 주인 의식의 자각과 주인의 권리를 되찾으려는 역사적 투쟁이 바로 새로운 시대, 더 나은 사회를 태동시키는 동력이 되었습니다.

주인 의식의 자각은 수많은 세월을 거치면서 차츰 발전할 수도 있지만 때로는 그러한 주인 의식이 선각자로부터 주어지기도 합니다. 물론 주인 의식이 주어진다고 해서 모든 문제를 해결해 준다는 의미는 결코 아닙니다.

주체적인 삶이야말로 내 인생의 근원적 행복임을 자각한 노예가 있다면 그 즉시 노예로부터 해방되려고 싸우겠지요. 이 때 노예가 해방되려고 싸운다는 것은 내 인생의 주인이 결코 노예 소유주가 아니라 다름아닌 자기 자신이라는 것을 자각했기 때문입니다. 이렇게 자각하고 싸우다 비록 사흘만에 죽는다 해도 평생을 노예로 사는 것보다는 훨씬 부처에 가까워진 것입니다.

마찬가지로 여성도 남성과 똑같이 한 사람의 독자적인 인간임을 자각하고, 여성 해방을 실현하는 싸움에 뛰어든 순간부터 이 사람은 이미 주체적인 인간으로 들어선 것입니다. 다시 말해서 이미 그 여성은 그 순간에 해방된 것이지요.

민중의 해방은 민중 스스로가

　　　노예 해방의 완전한 실현은 주체의 주인 의식의 자각과 더불어 객관적으로도 노예제가 폐지되어야 완성되는 것이겠지만, 자신이 본래 노예가 아님을 자각하고 그 자각을 실천하려고 뛰어든 순간, 이미 스스로는 해방된 것입니다. 의식은 외부에서 주어질 수 있어도 해방의 완성을 위한 실천 즉, 객관 세계의 완전한 해방의 실천은 그 누구로부터도 주어질 수 없습니다. 여기에 민중의 해방도 민중 스스로가 해 내지 않으면 안 되는 이유가 있는 것입니다.

　　　오직 자신이 스스로 주인임을 자각하고 본래의 지위를 획득하기 위해 주체적으로 나설 때 얻게 되는 것이지요. 주체적으로 그리고 객관적으로 해방된 상태가 부처이고 그 출발이 보살의 자각이며, 그 과정이 보살행입니다.

　　　보살은 미완성의 부처이면서 동시에 실천적 면에서는 그대로 부처이기도 합니다. 그러므로 부처로서 목표, 주체적인 인간으로서 자기 목표가 분명하다면 그것을 향한 과정에서 육신의 생명은 우리들 생명의 전부가 아닌 하나의 요소일 뿐입니다. 따라서 그 목표로 이르는 중도에 쓰러진다 해도 그것은 결코 실패가 아닙니다.

　　　삶이란, 정상이라는 목적 그 자체 보다는 정상에 이르는 과정 하나하나가 더 소중한 것이니까요. 이는 우리의 인생을 등산에 비유해 보면 더 쉽게 이해할 수 있습니다. 즉, 등산의 묘미는 힘겹게 산을 오르는 과정에서 충만되는 것이지 단순히 헬기를 타고 산 정상에 올라섰다고 하면 별다른 의미가 없는 것과 마찬가지입니다.

보살이 활동하는 곳이 정토다

우리가 추구하는 이상 세계도 그와 같습니다.

현실과는 동떨어져 존재하는 세계로 이상 세계를 상정한다면 관념론에 빠집니다. 우리가 이상 세계 건설의 주체로 등장할 때는 바로 그 사회가 우리들에게 실존하는 이상 세계인 것입니다. 이상 사회의 건설 과정에서 우리 육신의 종말은 결코 중단이 아닙니다. 객관적인 역사의 흐름은 과정이지만 개인의 삶에는 이미 그 흐름에 참여하는 순간부터 명백한 성취의 의미를 갖습니다. 자, 이제 앞 절에서 질문한 물음에 대한 답이 될 수 있을까요?

여성의 경우, 남성의 경제력에 의존하는 습성을 버리고 여성도 한 사람의 동등한 인격체로서 스스로 행복을 얻고자 뛰어들 때 진정한 행복이 얻어집니다. 이 때는 종속적인 여성들이 남성들에게 잘 보이려고 하듯 내가 누구에게 잘 보여서 얻는 행복을 본질적으로 거부하게 되지요. 따라서 손해를 보면서 행복을 얻는다는 것은 있을 수 없습니다. 주체적인 삶을 보고 '손해를 봤다.'고 느끼는 사람은 〈화엄경〉에 나오는 다음의 구절을 되새겼으면 합니다.

"보살 즉, 주체적인 인간에게 정토란, 이미 완성되어 있는 세계가 아니라 완성을 향해서 활동하는 국토다."

새로운 보살의 삶으로 거듭 태어나라

길들여진 사고의 모순을 깨뜨리고

　　창조적 삶에서 가장 중요한 요소는 주체적인 인간, 곧 부처입니다. 주체적 인간은 진정으로 자신을 아끼는 사람입니다. 자기를 함부로 내던지는 사람이 희생적인 사람일 수 없고, 참으로 자신을 아낀다면 이기심과 아상을 버리려는 노력을 해야 합니다. 버리면 버릴수록 자기 인생은 더 주체적으로 되는 것이며, 이런 삶에서는 결국 어떤 이데올로기나 관념이라도 그것이 현실을 객관적으로 반영하는 법칙일 때는 받아들이지만 특정한 권위에 눌려서 받아들이지는 않습니다.

　　역사에서 존재해 왔던 수많은 종교나 철학의 첫출발 이념은 옳았는데도 후반기에 들어서면 변질되는 이유는 무엇일까요? 그것은 이념을 받아들이는 인간이 그 이념의 정수를 주체적으로 수용하지 못했기 때문입니다.

불교야말로 부처님께서 애초에 주체적인 인간을 만들고자 성불 사상을 설하셨건만, 시간이 흐르고 여러 나라를 거치는 과정에서 그 사상의 본 뜻마저 희미해지고 변질되어 종교적으로 종속되는 노예적(?) 삶을 얼마나 양산해 내었습니까?

우리들이 진정으로 억압에서 해방된 주체적인 삶을 살기 위해서는 우선 세계의 모든 사물을 있는 그대로, 객관적으로 볼 수 있어야 합니다. 소위 객관 세계의 합법칙성을 발견해야만 그 법칙을 이용해서 우리 삶의 문제와 해결의 실마리를 찾을 수 있습니다.

따라서 객관성이라는 것은 객관 세계를 있는 그대로 우리들에게 반영하는 것입니다.

오늘날 우리 불교나 한국 사회에서 보살행이 실천될 수 있는 것은 대중의 요구가 있는 그대로 반영될 때입니다. 어떤 이론에 한국 사회를 끼워 맞춘다고 해서 우리 사회가 그 이론에 따라 변화되는 것이 아니며 불교 이론에 세상 사람을 끼워 맞춘다고 해서 그들이 바로 성불의 길을 갈 수 있는 것이 아닙니다.

반대로 그들에게 부처님의 가르침을 적용해서 그들의 현실적 요구를 해결해 주어야 합니다. 다시 말해서 부처님 당시 대중의 요구와 지금 대중의 요구가 다르다면 당시 부처님께서 사용하신 방편을 그대로 옮기기만 해서는 이 시대 대중에게 무익한 것이 될 수도 있습니다.

부처님 사상이 불변한다는 말은, 주체적인 인간 세계를 객관적으로 보고 객관적 법칙을 우리의 문제 해결에 적용해서 스스로 해방을 성취할 수 있다는 가르침을 의미하며 동시에 부처님의 사상은 역사와 시대에서 현실 대중들의 요구에 맞추어 끊임없이 변화해야 합니다. 물론 개개인에 따라서도 정확하게 달리 적용이 되어야 하겠지요. 특히 현대 사회의 각계 각층의 요구는 갈수록 다양해져서, 100년 전의 러시아와 50년 전의 중국과 40년 전의 우리 나라 대중의 요구와는 다를 수밖에 없습니다.

그러므로 수행자가 항시 염두에 두어야 할 것은 현실을 보다 정확하게 반영하는 일, 그리고 길들여진 사고의 모순을 깨뜨려 나가는 일입니다. 그러나 우리는 항상 현실적 요구와는 관계없이 훌륭한 이론이라고 하면 무조건 맹목적으로 받아들이는 경향이 있습니다.

가령 좋은 옷이 한 벌 있을 때 사람에 맞춰 옷을 개조하는 것이 아니라 사람을 옷에 맞추려고 할 때가 있는 것이지요. 그 옷이 아무리 순금이나 다이아몬드에 버금가는 가치를 지녔더라도 옷에 맞춰 사람을 개조하는 일이 있어서는 안 되며, 오히려 그 옷을 과감히 잘라 버릴 때 창조적 인간으로 태어날 수 있습니다. 그 뿐만 아니라 창조적이라는 이름의 학문을 배운다고 해서 창조적이 되는 것은 아닙니다.

다 함께 성불하는 길로

역사에서 가장 창조적인 사고를 하신 분은 선사들이었다고 생각합니다. 그러나 스님들의 경우 개인의 관념을 깨는 데서는 지극히 창조적이었지만 연기라는 법칙의 측면에서 바라볼 때는 부족함이 많다고 생각합니다.

우리들 각자가 개별적 존재가 아닌 연기적 존재임을 부처님께서는 일찍이 밝히셨지만 그 연기를 체득하지 못한데서 많은 어리석음을 범하게 됩니다. 한 사람 한 사람 따로 존재하는 것 같지만 인간은 사회적 존재이고 우리들의 자주성 즉, 부처가 되고 주인이 되고자 하는 의식마저도 사회적 존재이기 때문에 형성되는 것입니다.

만약 무인도에서 태어나 홀로 성장한 사람이라면 몰라도 사회적 존재로서 인간이 걷는 성불의 길은 개체적 속성이 아니라 바로 공동체로서 연기적 존재로 나타나는 속성입니다.

쉽게 말하면 대승 불교에서 성불의 개념은 개인적 성불이 아닌 다 함께 성불하는 것입니다. 지장 보살이 지옥에 한 중생이라도 남아 있는 한 성불하지 않겠다고 세운 서원은 다 함께 성불하는 길만이 진정한 성불이라는 인식에서 생겨난 것이고, 개인적 성불이란 연기적 도리에 비춰 볼 때 있을 수 없다는 뜻을 담고 있습니다.

내가 완전무결한 능력을 가진 부처라면 어떻게 중생의 고통이 여전히 남아 있을 수 있겠느냐는 것이지요. 곧 고통받는 중생이 있는 한 나의 번뇌가 다할 수 없다는 뜻입니다. 물론 모두 다 성불하기까지는 아무것도 이룰 수 없다는 뜻은 아닙니다.

자각하고 출발하면 바로 개인적인 성불이 되며 그래서 이들 다 함께 성불하는 것과 구분해서 보살이라 칭합니다. 이 보살의 활동이 완성되는 것이 바로 최고 목표인 다 함께 성불하는 즉, 정토의 완성이라고 할 수 있습니다.

나 자신으로부터 출발하자

우리들이 절에 오래 다녔다거나 불교 공부를 많이 했다고 해서 보살이 되는 것이 아니라 지금 자신이 처한 조건에서 부딪치는 고통을 정면으로 해결하려고 노력할 때 해방의 길이 열리게 됩니다.

그러나 절대자의 구원을 바라는 것은 궁극적으로 자신을 새로운 노예로 만드는 것과 같습니다. 마찬가지로 오늘날, 우리들이 주인 의식을 자각하고 고통에서 벗어나고자 하는 모든 행위들이 근원적인 해방의 길로 가지 못하고 어떤 테두리 안에서 맴도는 일로 국한된다면 고통이 타인에게 전가될 뿐 실제 해결되는 것은 없겠지요.

이와 같이 주와 객, 나와 사회는 절대 분리될 수 없습니다. 나의 주인이고자 하는 길이 사회 변화와 동떨어진 길이 아니라는 것입니다.

　　오늘날 여성이 한 인간으로서 주체적인 삶을 살고자 해도 사회 구조 때문에 주체적인 삶을 살지 못한다는 것은 게으름이요, 핑계일 뿐입니다. 여성이 그 구조적 문제에 주체적으로 참여하는 순간 개인적으로는 이미 해방의 길에 들어선 것입니다. 그러나 주객의 일치는 사회 구조의 변화로 보장되는 것입니다.

　　따라서 우리가 다른 사람의 생각을 바꾸도록 하고 사회 제도를 변화하려는 것은 나와 무관한 남을 위해서가 아닙니다. 또한 부처가 중생을 구제한다는 행위도 단지 중생을 위해서만이 아니며 상호 불가분하게 연관되어 있는 것입니다.

　　그러나 실천의 관점에서는 자신부터 출발해야 합니다. 물론 사회 개조가 우선시 돼야 한다는 방침도 맞습니다. 하지만 사회를 개조하는 주체가 바로 나 자신, 우리들 자신임도 유의해야 합니다.

　　따라서 바로 자신에게 실천의 책임이 있음을 자각하지 못하면 불평분자가 되기 쉽습니다. 입으로는 수없이 비판하면서, 자신은 조금도 움직이지 않는다면 세계 또한 한 치도 움직이지 않습니다. 즉, 사회는 그 사회를 구성하는 인간이 변하지 않으면 절대 변하기 어려운 것이니까요.

　　이처럼 실천 과정에서 그 책임은 개인에게 돌아오고, 각 개인을 변화시키는 가장 중요한 핵심은 사상입니다. 바로 주인 의식, 해방 사상으로 투철하게 무장해 나갈 때 자신이 처해 있는 한계를 극복하는 하나의 원동력이 되며 출발점입니다.

결론적으로 자기 개조는 사회 개조와 밀접히 연관되어 있으며 그 동력과 개조의 속도 또한 상호 비례하는 것입니다.

자, 이제 마음을 가라앉힌 뒤 이 땅에 태어난 젊은 불제자로서 진정한 자기 소명을 발견하십시오!

자기 수행의 큰 발심으로 우리 모두가 함께 행복한 미래 사회를 건설하는 새로운 보살의 삶으로 거듭 태어나길 바랍니다.